Impressum
Verlag: BABADADA GmbH, Nedderfeld 112 , 22529 Hamburg
Geschäftsführer / Verlagsleitung: Harald Hof
Druck: Books on Demand GmbH, In de Tarpen 42, 22848 Norderstedt

Imprint
Publisher: BABADADA GmbH, Nedderfeld 112 , 22529 Hamburg, Germany
Managing Director / Publishing direction: Harald Hof
Print: Books on Demand GmbH, In de Tarpen 42, 22848 Norderstedt

škola
σχολείο

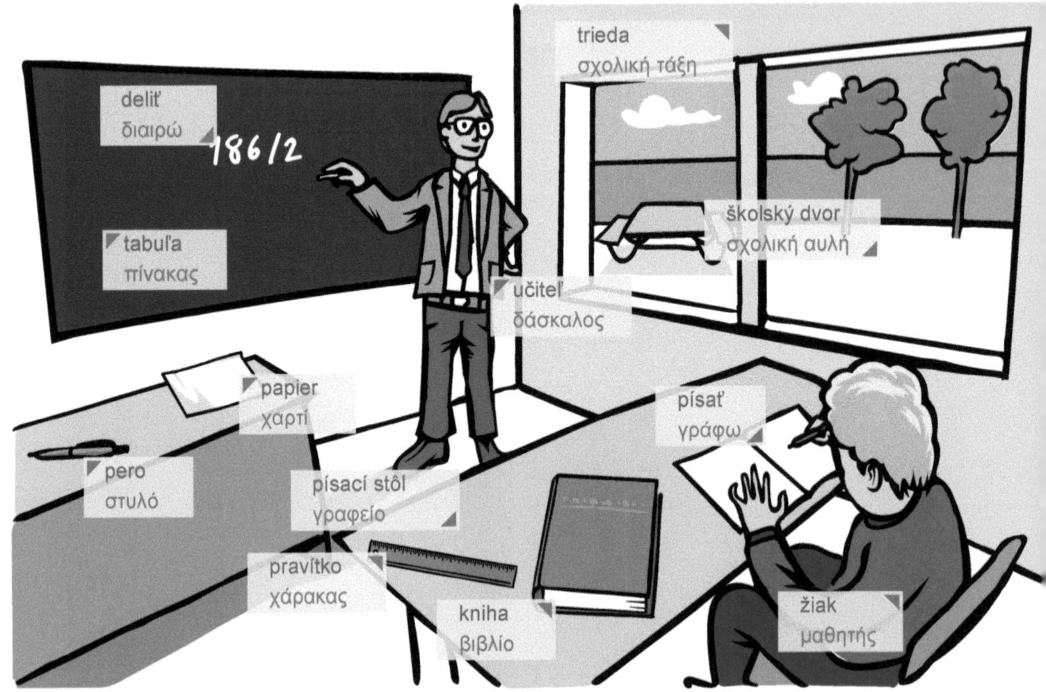

trieda
σχολική τάξη
deliť
διαιρώ
186/2
tabuľa
πίνακας
školský dvor
σχολική αυλή
učiteľ
δάσκαλος
papier
χαρτί
písať
γράφω
pero
στυλό
písací stôl
γραφείο
pravítko
χάρακας
kniha
βιβλίο
žiak
μαθητής

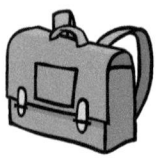

školská taška

σχολική τσάντα

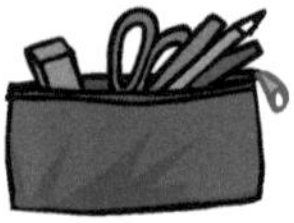

peračník

κασετίνα/ μολυβοθήκη

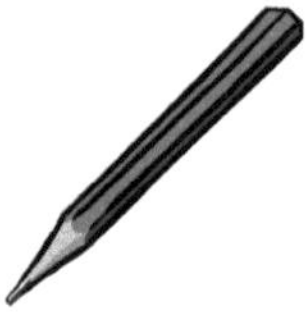

ceruza

μολύβι

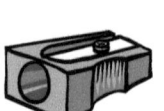

strúhadlo na ceruzky

ξύστρα

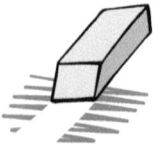

guma

γόμα

skicár

μπλοκ ζωγραφικής

kresba

ζωγραφική

štetec

πινέλο

vodové farby

κουτί χρωμάτων

nožnice

ψαλίδι

lepidlo

κόλλα

cvičný zošit

τετράδιο ασκήσεων

domáca úloha

εργασία για το σπίτι

12

číslo

αριθμός

2+2

sčítať

προσθέτω

5-2

odčítať

αφαιρώ

2×2

násobiť

πολλαπλασιάζω

počítať

υπολογίζω

písmeno

γράμμα

ABCDEFG HIJKLMN OPQRSTU VWXYZ

abeceda

αλφάβητο

slovo

λέξη

text

κείμενο

čítať

διαβάζω

krieda

κιμωλία

hodina

μάθημα

triedna kniha

εγγράφομαι

skúška

τεστ

certifikát

πιστοποιητικό

školská uniforma

μαθητική στολή

vzdelanie

εκπαίδευση

encyklopédia

εγκυκλοπαίδεια

univerzita

πανεπιστήμιο

mikroskop

μικροσκόπιο

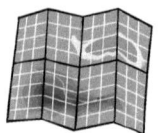

mapa

χάρτης

kôš na papier

καλάθι αχρήστων

cesta
ταξίδι

hotel
ξενοδοχείο
Grand
nocľaháreň
ξενώνας
ROOMS
zmenáreň
ανταλλακτήρια συναλλάγματος
EXCHANGE
kufor
βαλίτσα
auto
αυτοκίνητο

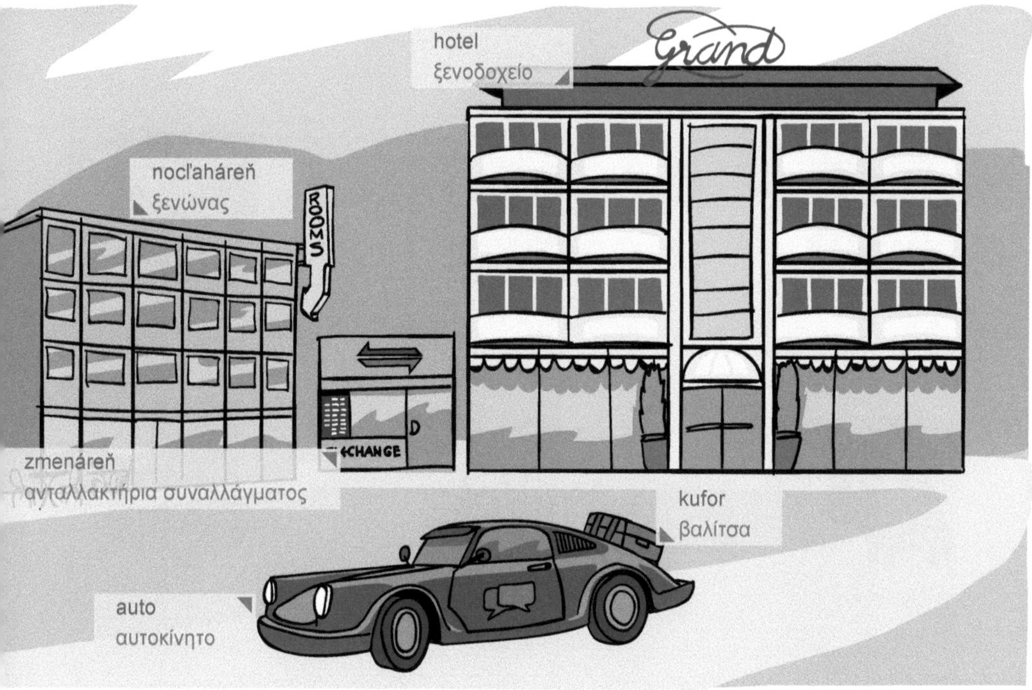

jazyk

γλώσσα

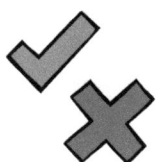

áno/nie

ναι / όχι

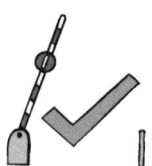

v poriadku

εντάξει

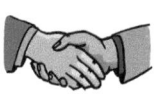

ahoj

γεια σου

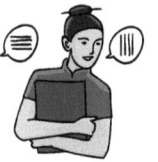

prekladateľ

μεταφραστής

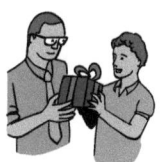

ďakujem

Ευχαριστώ

Koľko stojí ... ?

πόσο κάνει ;

Nerozumiem

Δε καταλαβαίνω

problém

πρόβλημα

Dobrý večer!

Καλησπέρα!

Dobré ráno!

Καλημέρα!

Dobrú noc!

Καληνύχτα!

Dovidenia

Αντίο

smer

κατεύθυνση

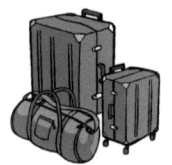

batožina

αποσκευές

taška

τσάντα

batoh

σακίδιο πλάτης

hosť

καλεσμένος

izba

δωμάτιο

spacák

υπνόσακος

stan

σκηνή

informácie pre turistov

τουριστικές πληροφορίες

pláž

παραλία

kreditná karta

πιστωτική κάρτα

raňajky

πρωινό

obed

μεσημεριανό

večera

δείπνο

cestovný lístok

εισιτήριο

výťah

ανελκυστήρας

poštová známka

γραμματόσημο

hranica

σύνορα

clo

τελωνείο

veľvyslanectvo

πρεσβεία

vízum

βίζα

cestovný pas

διαβατήριο

doprava

μεταφορά

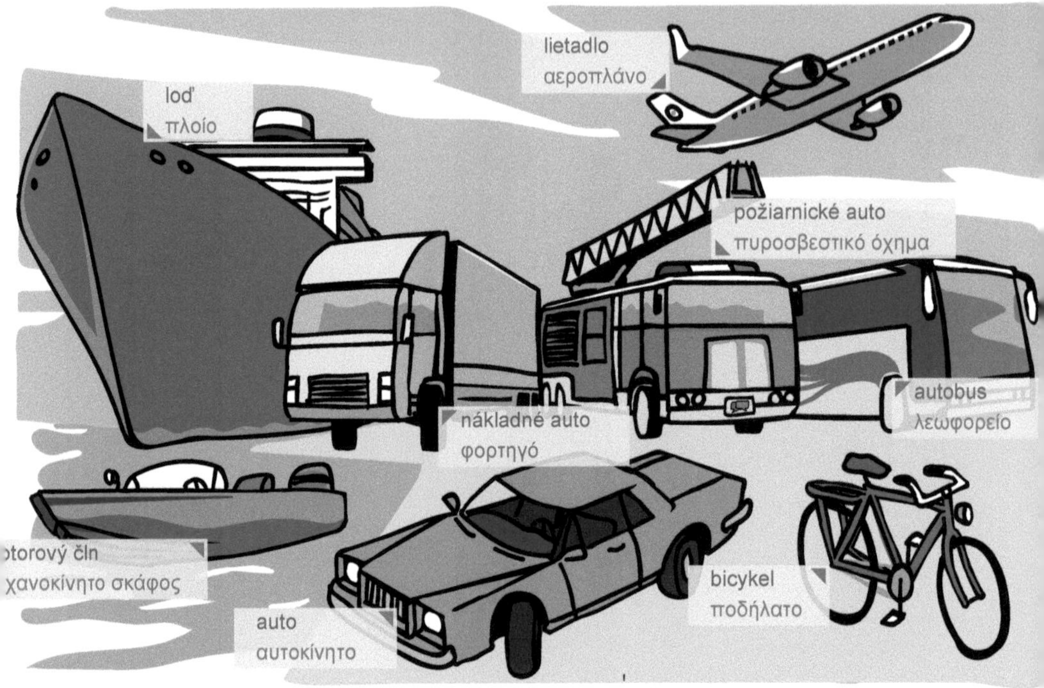
lietadlo
αεροπλάνο
loď
πλοίο
požiarnické auto
πυροσβεστικό όχημα
autobus
λεωφορείο
nákladné auto
φορτηγό
torový čln
χανοκίνητο σκάφος
bicykel
ποδήλατο
auto
αυτοκίνητο

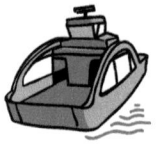

trajekt

φεριμπότ

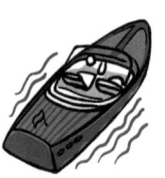

loď

βάρκα

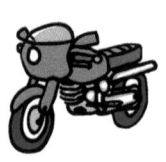

motorka

μοτοσικλέτα

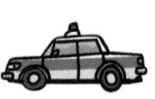

policajné auto

περιπολικό

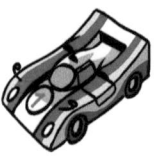

pretekárske auto

αγωνιστικό αυτοκίνητο

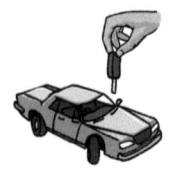

vozidlo z požičovne

ενοικιαζόμενο αυτοκίνητο

carsharing
διαμοιρασμός αυτοκινήτων

odťahové auto
γερανός

smetiarske auto
απορριμματοφόρο

motor
κινητήρας

benzín
καύσιμο

čerpacia stanica
βενζινάδικο

dopravná značka
πινακίδα σήμανσης

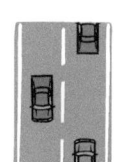

premávka
κυκλοφορία

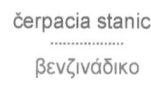

zápcha
κυκλοφοριακή συμφόρηση

parkovisko
χώρος στάθμευσης

vlaková stanica
σιδηροδρομικός σταθμός

trate
σιδηροδρομικές γραμμές

vlak
τρένο

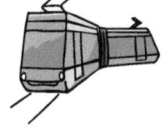

električka
τραμ

vagón
βαγόνι

helikoptéra

ελικόπτερο

letisko

αεροδρόμιο

veža

πύργος

pasažier

επιβάτης

kontajner

εμπορευματοκιβώτιο

kartón

χαρτοκιβώτιο

vozík

καρότσι

kôš

καλάθι

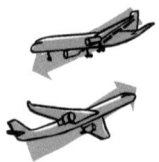

štartovať / pristáť

απογειώνομαι /
προσγειόνομαι

mesto

πόλη

dedina

χωριό

centrum mesta

κέντρο της πόλης

dom

σπίτι

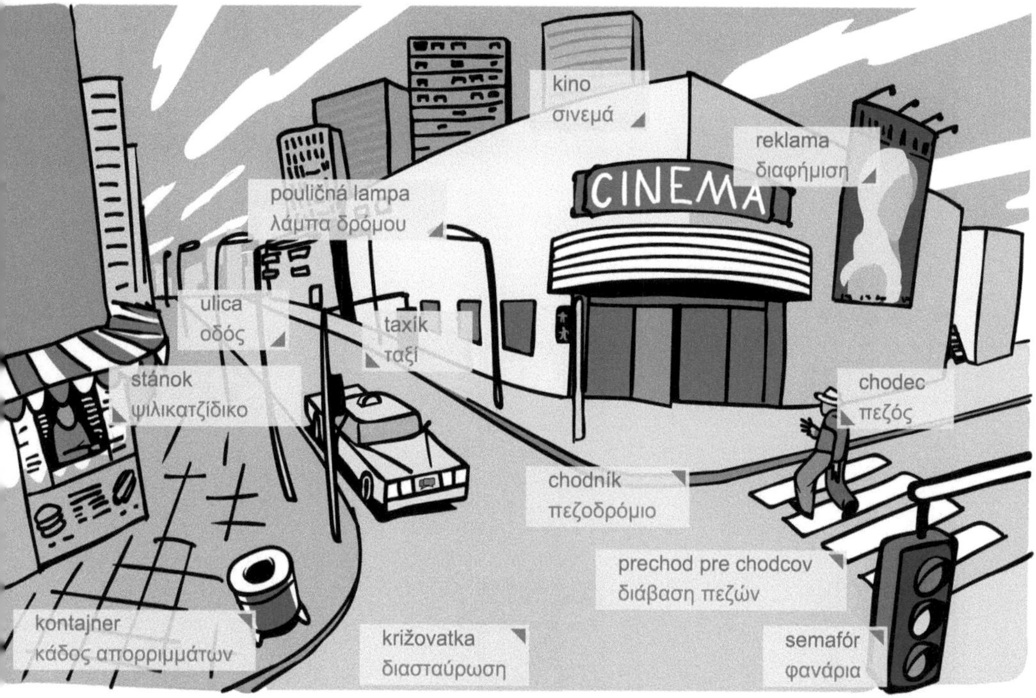
kino
σινεμά
reklama
διαφήμιση
CINEMA
pouličná lampa
λάμπα δρόμου
ulica
οδός
taxík
ταξί
stánok
ψιλικατζίδικο
chodec
πεζός
chodník
πεζοδρόμιο
prechod pre chodcov
διάβαση πεζών
kontajner
κάδος απορριμμάτων
križovatka
διασταύρωση
semafór
φανάρια

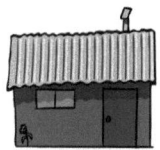

chata

καλύβα

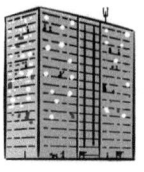

byt

διαμέρισμα

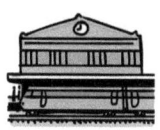

vlaková stanica

σιδηροδρομικός σταθμός

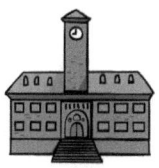

radnica

δημαρχείο

MUSEUM

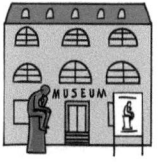

múzeum

μουσείο

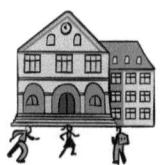

škola

σχολείο

univerzita

πανεπιστήμιο

banka

τράπεζα

nemocnica

νοσοκομείο

hotel

ξενοδοχείο

lekáreň

φαρμακείο

kancelária

γραφείο

kníhkupectvo

βιβλιοπωλείο

obchod

κατάστημα

kvetinárstvo

ανθοπωλείο

supermarket

σούπερ μάρκετ

trh

αγορά

obchodný dom

πολυκατάστημα

obchodník s rybami

ιχθυοπωλείο

nákupné stredisko

εμπορικό κέντρο

prístav

λιμάνι

park

πάρκο

lavička

παγκάκι

most

γέφυρα

schody

σκάλες

metro

μετρό

tunel

τούνελ

autobusová zastávka

στάση λεωφορείου

bar

μπαρ

reštaurácia

εστιατόριο

poštová schránka

γραμματοκιβώτιο

tabuľa s názvom ulice

πινακίδα δρόμου

parkovacie hodiny

παρκόμετρο

ZOO

ζωολογικός κήπος

plaváreň

πισίνα

mešita

τζαμί

farma

αγρόκτημα

znečisťovanie životného prostredia

ρύπανση

cintorín

νεκροταφείο

kostol

εκκλησία

ihrisko

παιδική χαρά

chrám

ναός

terén
τοπίο

list
φύλλο

smerová tabuľa
πινακίδα κατεύθυνσης

cesta
δρόμος

lúka
λιβάδι

kameň
πέτρα

turista
πεζοπόρος

strom
δέντρο

rieka
ποτάμι

tráva
χορτάρι

kvet
λουλούδι

dolina

κοιλάδα

kopec

λόφος

jazero

λίμνη

les

δάσος

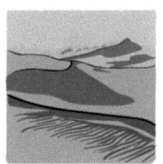

púšť

έρημος

vulkán

ηφαίστειο

zámok

κάστρο

dúha

ουράνιο τόξο

hríb

μανιτάρι

palma

φοίνικας

komár

κουνούπι

mucha

μύγα

mravec

μυρμήγκι

včela

μέλισσα

pavúk

αράχνη

chrobák

σκαθάρι

žaba

βάτραχος

vevarička

σκίουρος

jež

σκαντζόχοιρος

zajac

λαγός

sova

κουκουβάγια

vták

πουλί

labuť

κύκνος

diviak

αγριογούρουνο

jeleň

ελάφι

los

άλκη

hrádza

φράγμα

veterná turbína

ανεμογεννήτρια

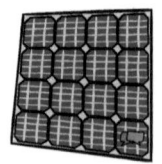

solárny panel

ηλιακός συλλέκτης

podnebie

κλίμα

terén - τοπίο

reštaurácia

εστιατόριο

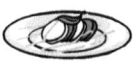

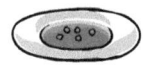

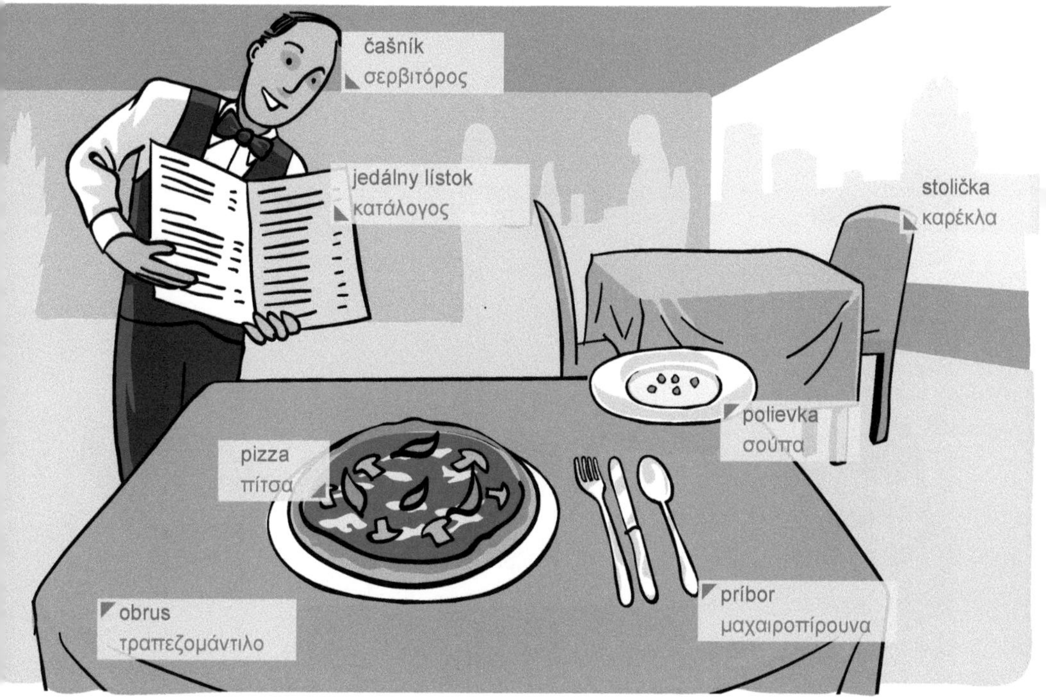

čašník
σερβιτόρος
jedálny lístok
κατάλογος
stolička
καρέκλα
polievka
σούπα
pizza
πίτσα
obrus
τραπεζομάντιλο
príbor
μαχαιροπίρουνα

predjedlo

ορεκτικό

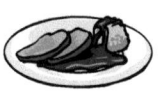

hlavné jedlo

κύριο πιάτο

zákusok

επιδόρπιο

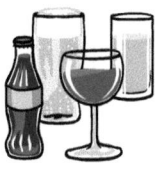

nápoje

ποτά

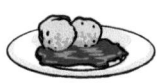

jedlo

φαγητό

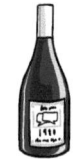

fľaša

μπουκάλι

fast-food

φαστ φουντ

street food

φαγητό στ' όρθιο

kanvica na čaj

τσαγιέρα

cukornička

δοχείο ζάχαρης

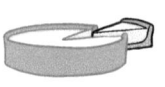

porcia

μερίδα

stroj na espresso

μηχανή εσπρέσο

detská stolička

ψηλή καρέκλα

účet

λογαριασμός

podnos

δίσκος

nôž

μαχαίρι

vidlička

πιρούνι

lyžica

κουτάλι

čajová lyžička

κουταλάκι του τσαγιού

obrúsok

πετσέτα φαγητού

pohár

ποτήρι

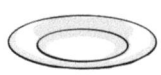

tanier

πιάτο

hlboký tanier

πιάτο σούπας

podšálka

πιατάκι φλιτζανιού

omáčka

σάλτσα

soľnička

αλατιέρα

mlynček na korenie

μύλος για πιπέρι

ocot

ξύδι

olej

λάδι

korenie

μπαχαρικά

kečup

κέτσαπ

horčica

μουστάρδα

majonéza

μαγιονέζα

supermarket

σούπερ μάρκετ

špeciálna ponuka
προσφορά
FOR
klient
πελάτης
mliečne výrobky
γαλακτοκομικά προϊόντα
ovocie
φρούτα
nákupný vozík
καρότσι για ψώνια

BUTCHERS

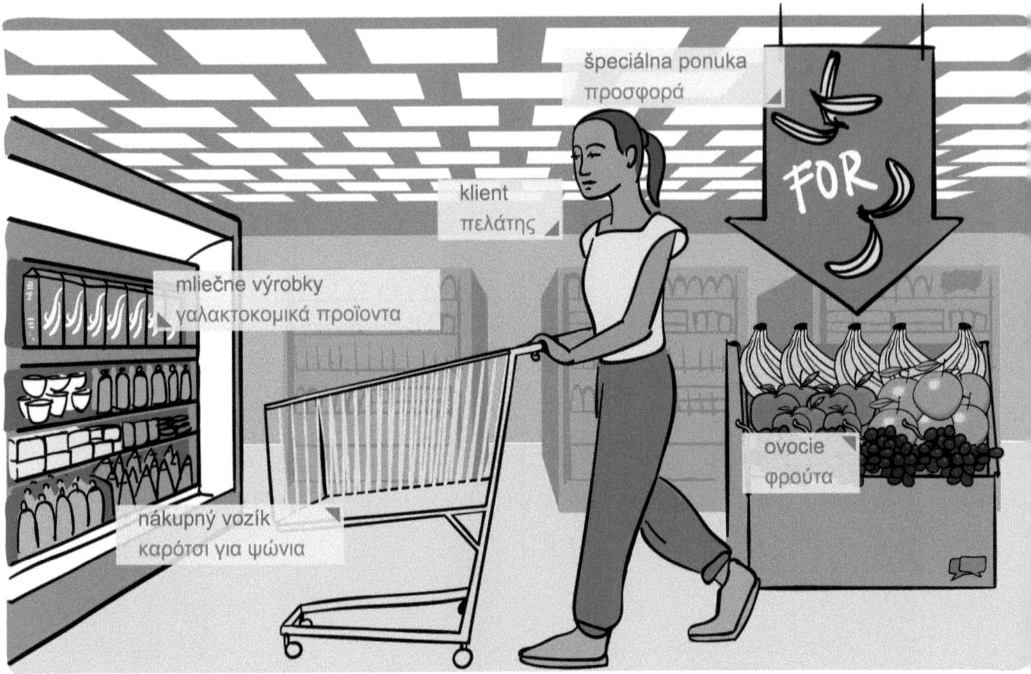

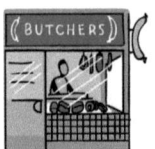

mäsiarstvo

κρεοπωλείο

BAKERY

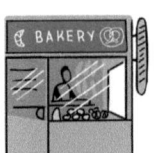

pekáreň

φούρνος

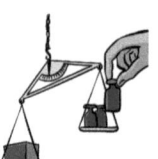

vážiť

ζυγίζω

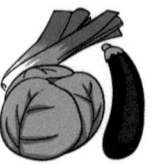

zelenina

λαχανικά

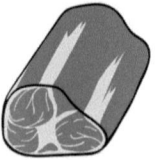

mäso

κρέας

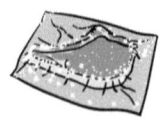

mrazené potraviny

κατεψυγμένα τρόφιμα

nárez

αλλαντικά

konzervy

κονσερβοποιημένη τροφή

prací prostriedok

απορρυπαντικό ρούχων

sladkosti

γλυκά

domáce potreby

οικιακά είδη

čistiace prostriedky

καθαριστικά προϊόντα

predavačka

πωλήτρια

pokladňa

ταμείο

pokladník

ταμίας

nákupný zoznam

λίστα για ψώνια

otváracie hodiny

ωράριο λειτουργίας

peňaženka

πορτοφόλι

kreditná karta

πιστωτική κάρτα

taška

τσάντα

plastové vrecko

πλαστική σακούλα

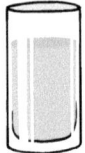

voda

νερό

džús

χυμός

mlieko

γάλα

kola

κόκα κόλα

víno

κρασί

pivo

μπίρα

alkohol

αλκοόλ

kakao

κακάο

čaj

τσάι

káva

καφές

espresso

εσπρέσο

kapučíno

καπουτσίνο

banán

μπανάνα

jablko

μήλο

pomaranč

πορτοκάλι

melón

πεπόνι

citrón

λεμόνι

mrkva

καρότο

cesnak

σκόρδο

bambus

μπαμπού

cibuľa

κρεμμύδι

hríb

μανιτάρι

orechy

ξηροί καρποί

rezance

νουντλς

špagety

μακαρόνια

ryža

ρύζι

šalát

σαλάτα

hranolky

πατατάκια

pečené zemiaky

τηγανητές πατάτες

pizza

πίτσα

hamburger

χάμπουργκερ

obložený chlebík

σάντουιτς

rezeň

κοτολέτα

šunka

ζαμπόν

saláma

σαλάμι

klobása

λουκάνικο

kurča

κοτόπουλο

pečené mäso

ψητό

ryba

ψάρι

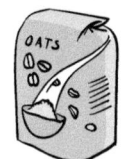

ovsené vločky

χυλός βρώμης

müsli

μούσλι

kukuričné lupienky

κορν φλέικς

múka

αλεύρι

croissant

κρουασάν

pečivo

ψωμάκι

chlieb

ψωμί

hrianka

τοστ

sušienky

μπισκότα

maslo

βούτυρο

tvaroh

τυρόπηγμα

koláč

κέικ

vajce

αυγό

volské oko

τηγανητό αυγό

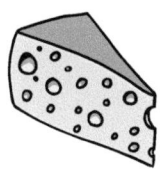

syr

τυρί

zmrzlina

παγωτό

cukor

ζάχαρη

med

μέλι

lekvár

μαρμελάδα

nugátová nátierka

άλλειμμα σοκολάτας

karí korenie

κάρυ

jedlo - φαγητό

sedliacky dom
αγρόσπιτο

stodola
αχυρώνας

stoch slamy
δεμάτι άχυρου

pole
χωράφι

kôň
αλόγο

príves
ρυμουλκούμενο

žriebä
πουλάρι

traktor
τρακτέρ

somár
γάιδαρος

jahňa
αρνί

ovca
πρόβατο

koza
κατσίκα

krava
αγελάδα

teľa
μοσχαράκι

prasa
γουρούνι

prasiatko
γουρουνάκι

býk
ταύρος

hus

χήνα

kačica

πάπια

kuriatko

κοτοπουλάκι

sliepka

κότα

kohút

κόκορας

potkan

αρουραίος

mačka

γάτα

myš

ποντίκι

vôl

βόδι

pes

σκύλος

psia búda

σπιτάκι σκύλου

záhradná hadica

λάστιχο κήπου

krhla

ποτιστήρι

kosa

θεριστήρι

pluh

αλέτρι

kosák

δρεπάνι

motyka

τσάπα

vidly na hnoj

δίκρανο

sekera

τσεκούρι

fúrik

χειράμαξα

koryto

ταΐστρα

kanva na mlieko

δοχείο γάλακτος

vrece

σάκος

plot

φράχτης

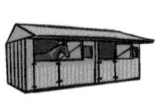

maštaľ

στάβλος

skleník

θερμοκήπιο

pôda

έδαφος

osivo

σπόρος

hnojivo

λίπασμα

kombajn

θεριζοαλωνιστική μηχανή

žať

θερίζω

žatva

συγκομιδή

batát

γιαμς

pšenica

σιτάρι

sója

σόγια

zemiak

πατάτα

kukurica

καλαμπόκι

repka

κράμβη

ovocný strom

οπωροφόρο δέντρο

maniok

μανιόκα

obilie

δημητριακά

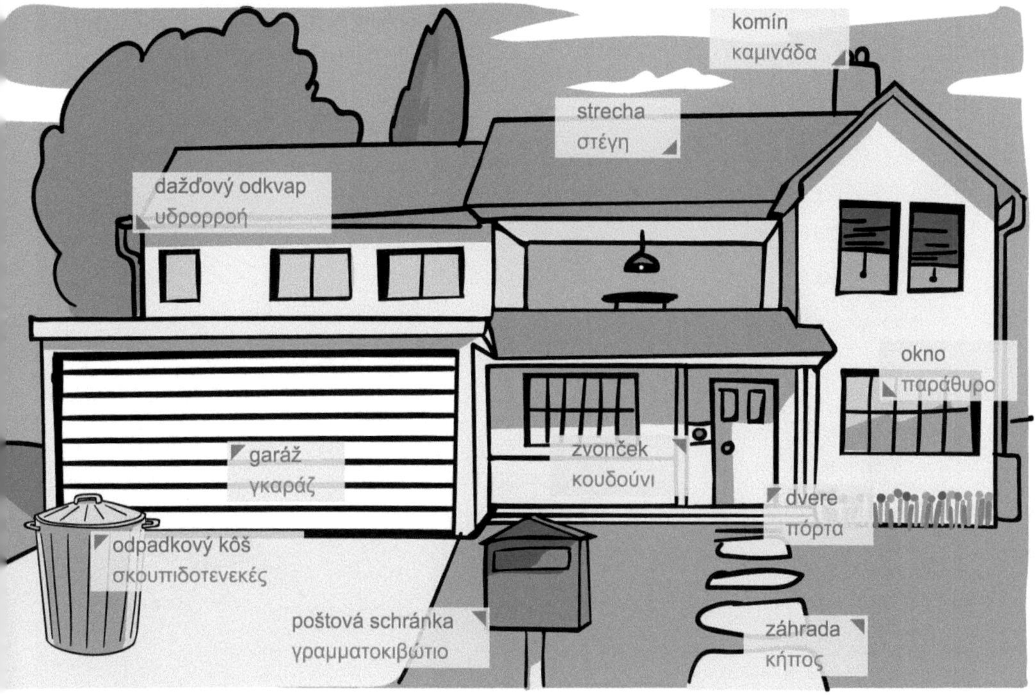

komín
καμινάδα

strecha
στέγη

dažďový odkvap
υδρορροή

okno
παράθυρο

garáž
γκαράζ

zvonček
κουδούνι

dvere
πόρτα

odpadkový kôš
σκουπιδοτενεκές

poštová schránka
γραμματοκιβώτιο

záhrada
κήπος

obývačka

σαλόνι

kúpeľňa

μπάνιο

kuchyňa

κουζίνα

spálňa

υπνοδωμάτιο

detská izba

παιδικό δωμάτιο

jedáleň

τραπεζαρία

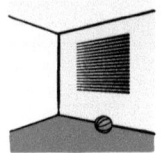

podlaha

πάτωμα

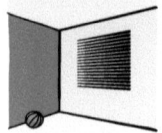

stena

τοίχος

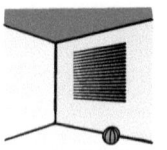

strop

οροφή

pivnica

κελάρι

sauna

σάουνα

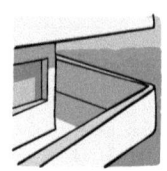

balkón

μπαλκόνι

terasa

βεράντα

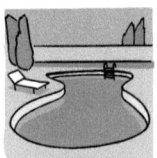

bazén

πισίνα

kosačka

μηχανή του γκαζόν

obliečka

σεντόνι

posteľná prikrývka

κάλυμμα κρεβατιού

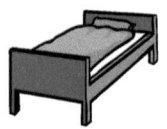

posteľ

κρεβάτι

metla

σκούπα

vedro

κουβάς

vypínač

διακόπτης

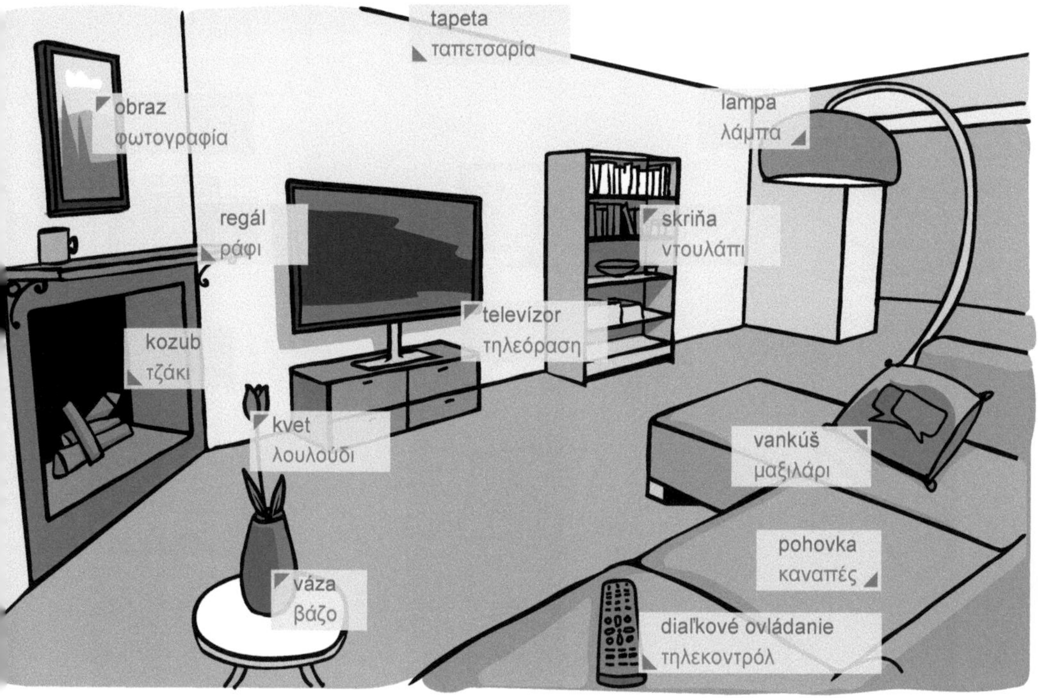

tapeta
ταπετσαρία

obraz
φωτογραφία

lampa
λάμπα

regál
ράφι

skriňa
ντουλάπι

kozub
τζάκι

televízor
τηλεόραση

kvet
λουλούδι

vankúš
μαξιλάρι

pohovka
καναπές

váza
βάζο

diaľkové ovládanie
τηλεκοντρόλ

koberec

χαλί

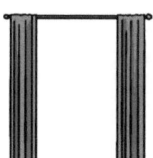

záclona

κουρτίνα

stôl

τραπέζι

stolička

καρέκλα

hojdacie kreslo

κουνιστή πολυθρόνα

kreslo

πολυθρόνα

kniha

βιβλίο

prikrývka

κουβέρτα

dekorácia

διακόσμηση

drevo na kúrenie

καυσόξυλα

film

ταινία

hi-fi veža

στερεοφωνικό σύστημα

kľúč

κλειδί

noviny

εφημερίδα

maľba

πίνακας ζωγραφικής

plagát

αφίσα

rádio

ραδιόφωνο

zápisník

σημειωματάριο

vysávač

ηλεκτρική σκούπα

kaktus

κάκτος

sviečka

κερί

obývačka - σαλόνι

kuchyňa
κουζίνα

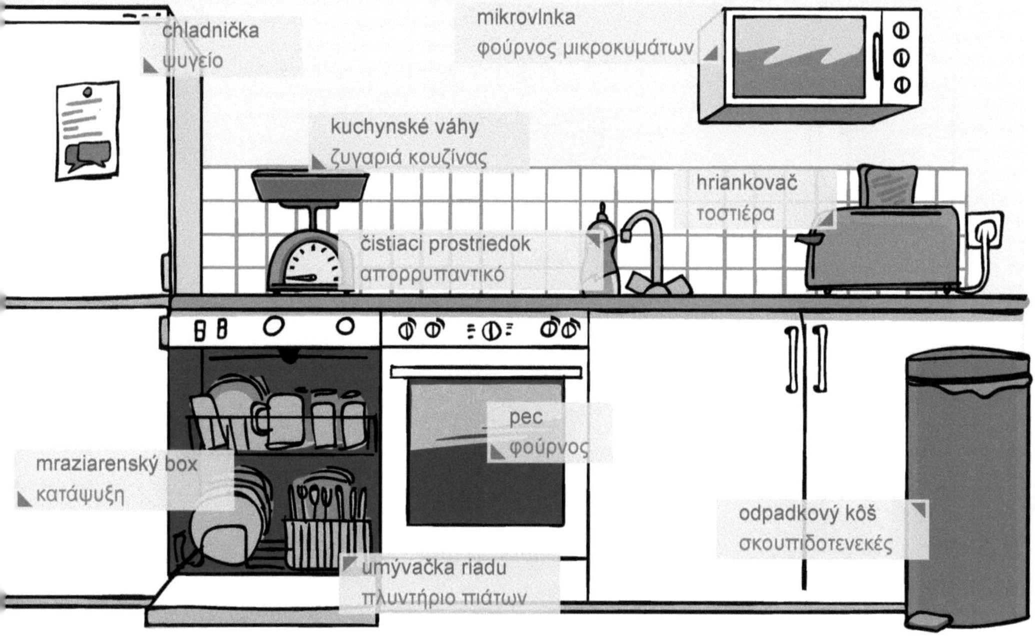
chladnička
ψυγείο
mikrovlnka
φούρνος μικροκυμάτων
kuchynské váhy
ζυγαριά κουζίνας
hriankovač
τοστιέρα
čistiaci prostriedok
απορρυπαντικό
pec
φούρνος
mraziarenský box
κατάψυξη
odpadkový kôš
σκουπιδοτενεκές
umývačka riadu
πλυντήριο πιάτων

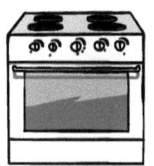

sporák

κουζίνα

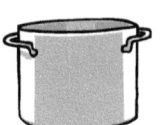

hrniec

κατσαρόλα

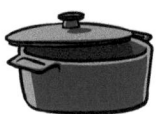

železný hrniec

μαντεμένια κατσαρόλα

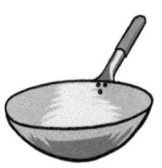

wok / kadai

γουόκ/καντάι

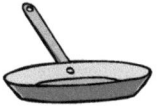

panvica

τηγάνι

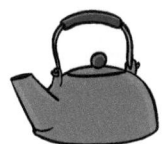

rýchlovarná kanvica

βραστήρας

parný hrniec

ατμομάγειρας

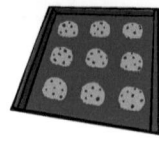

plech na pečenie

ταψί

riad

πιατικά

pohár

κούπα

misa

μπολ

paličky

ξυλάκια

naberačka na polievku

κουτάλα

stierka

σπάτουλα

metlička

ανακατεύω

cedidlo

σουρωτήρι

sitko

σουρωτηράκι

strúhadlo

τρίφτης

mažiar

γουδί

gril

ψησταριά

ohnisko

ανοιχτή φωτιά

doska na krájanie

σανίδα κοπής

valček na cesto

πλάστης

vývrtka

ανοιχτήρι φελλών

konzerva

κονσέρβα

otvárač na konzervy

ανοιχτήρι κονσέρβας

chňapka

γάντι φούρνου

výlevka

νεροχύτης

kefa

βούρτσα

hubka

σφουγγάρι

mixér

μπλέντερ

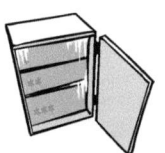

mraznička

καταψύκτης

kojenecká fľaša

μπιμπερό

vodovodný kohútik

βρύση

kúpeľňa
μπάνιο

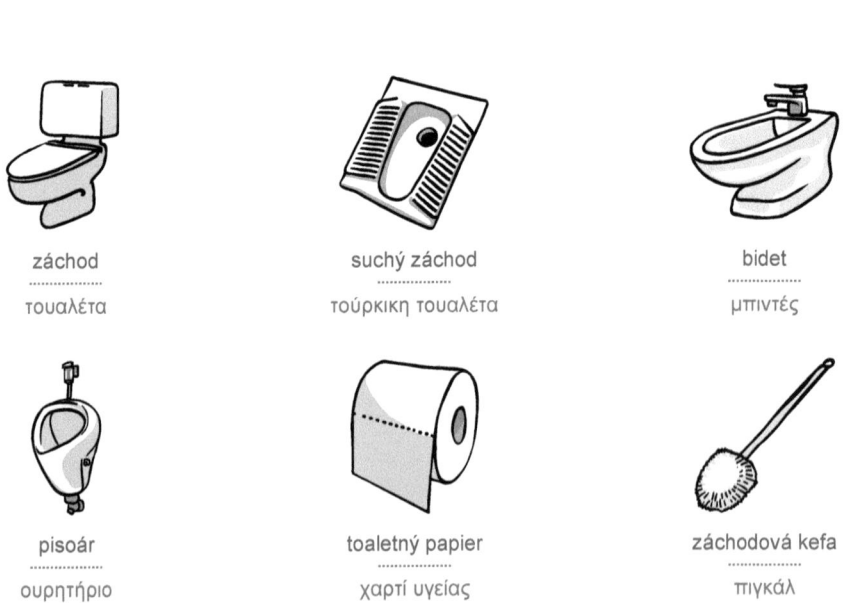

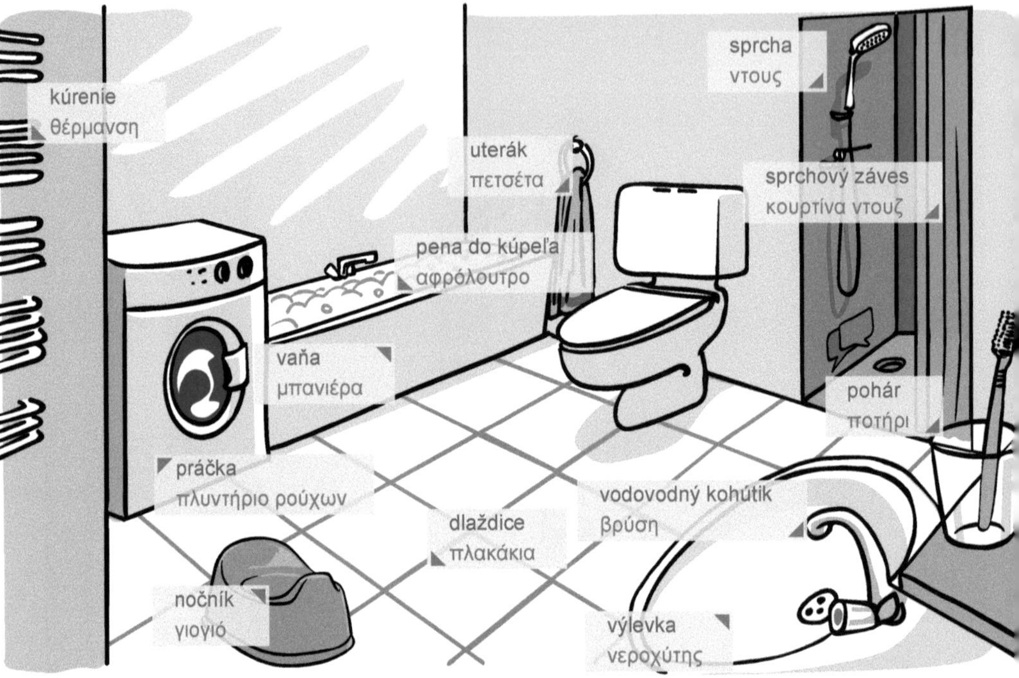

kúrenie
θέρμανση
sprcha
ντους
uterák
πετσέτα
sprchový záves
κουρτίνα ντουζ
pena do kúpeľa
αφρόλουτρο
vaňa
μπανιέρα
pohár
ποτήρι
práčka
πλυντήριο ρούχων
vodovodný kohútik
βρύση
dlaždice
πλακάκια
nočník
γιογιό
výlevka
νεροχύτης

záchod

τουαλέτα

suchý záchod

τούρκικη τουαλέτα

bidet

μπιντές

pisoár

ουρητήριο

toaletný papier

χαρτί υγείας

záchodová kefa

πιγκάλ

zubná kefka

οδοντόβουρτσα

zubná pasta

οδοντόκρεμα

dentálna niť

οδοντικό νήμα

umývať

πλένω

ručná sprcha

τηλέφωνο ντους

sprcha pre intímnu hygienu

ντουσιέρα

umývadlo

λεκάνη

kefa na chrbát

βούρτσα πλάτης

mydlo

σαπούνι

sprchový gél

αφρόλουτρο

šampón

σαμπουάν

frotírová rukavica

φανέλα

odtok

σιφόνι

krém

κρέμα

dezodorant

αποσμητικό

zrkadlo

καθρέφτης

kozmetické zrkadlo

καθρέφτης χειρός

žiletka

ξυραφάκι

pena na holenie

αφρός ξυρίσματος

voda po holení

αφτερσέιβ

hrebeň

χτένα

kefa

βούρτσα

sušič vlasov

σεσουάρ

sprej na vlasy

λακ

make-up

μακιγιάζ

rúž

κραγιόν

lak na nechty

βερνίκι νυχιών

vata

βαμβάκι

nožnice na nechty

ψαλίδι νυχιών

parfum

άρωμα

kozmetická taška

νεσεσέρ

stolček

σκαμπό

váha

ζυγαριά

kúpací plášť

μπουρνούζι

gumové rukavice

ελαστικά γάντια

tampón

ταμπόν

menštruačná vložka

πετσέτα υγιεινής

chemické WC

χημική τουαλέτα

detská izba
παιδικό δωμάτιο

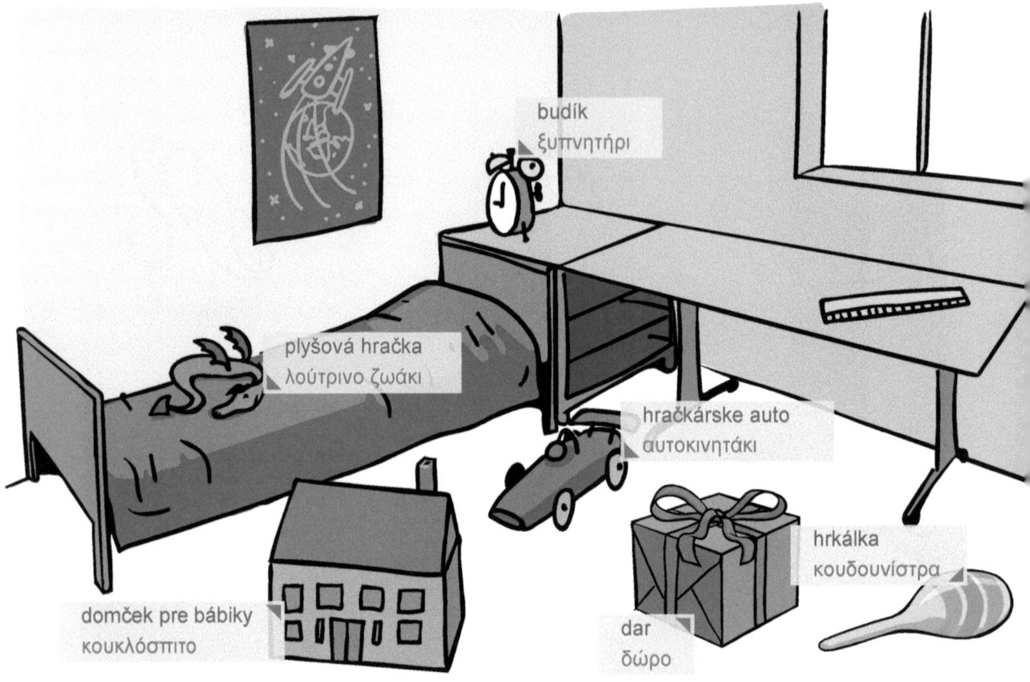

budík
ξυπνητήρι
plyšová hračka
λούτρινο ζωάκι
hračkárske auto
αυτοκινητάκι
hrkálka
κουδουνίστρα
domček pre bábiky
κουκλόσπιτο
dar
δώρο

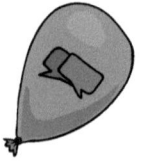

balón

μπαλόνι

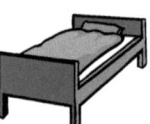

posteľ

κρεβάτι

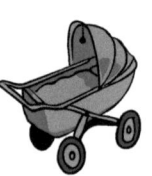

detský kočík

καροτσάκι

karty

τράπουλα

puzzle

παζλ

SUPER
MEGA

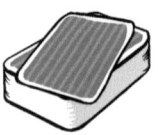

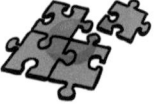

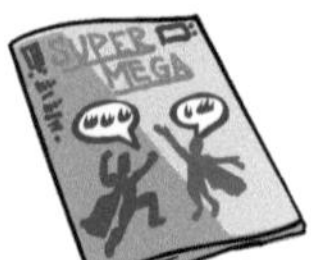

komix

κόμικς

skladačka lego

τουβλάκια lego

stavebnica

τουβλάκια κατασκευών

akčná postavička

φιγούρα δράσης

dupačky

βρεφικό φορμάκι

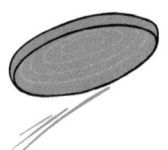

lietajúci tanier

φρίσμπι

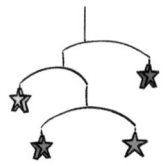

závesné hračky

μόμπιλο

stolová hra

επιτραπέζιο παιχνίδι

kocka

ζάρια

modelový vláčik

σετ τρενάκι

cumlík

πιπίλα

párty

πάρτι

obrázková kniha

εικονογραφημένο βιβλίο

lopta

μπάλα

bábika

κούκλα

hrať sa

παίζω

pieskovisko

σκάμμα με άμμο

hojdačka

κούνια

hračky

παιχνίδια

hracia konzola

κονσόλα βιντεοπαιχνιδιών

trojkolka

τρίκυκλο

medvedík

αρκουδάκι

šatník

ντουλάπα

šatstvo
ρούχα

ponožky

κάλτσες

pančuchy

καλτσοδέτες

pančuchové nohavičky

καλσόν

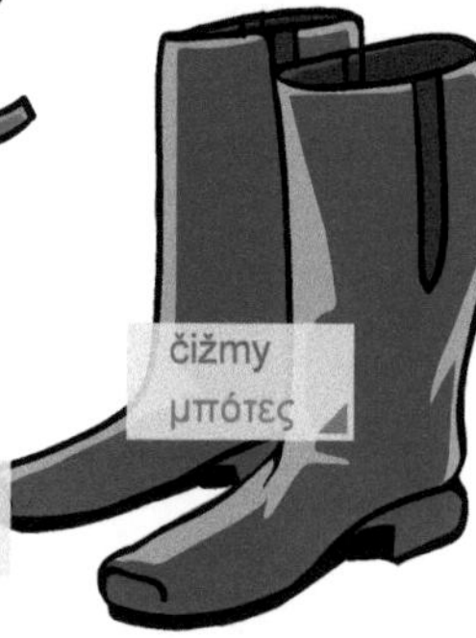

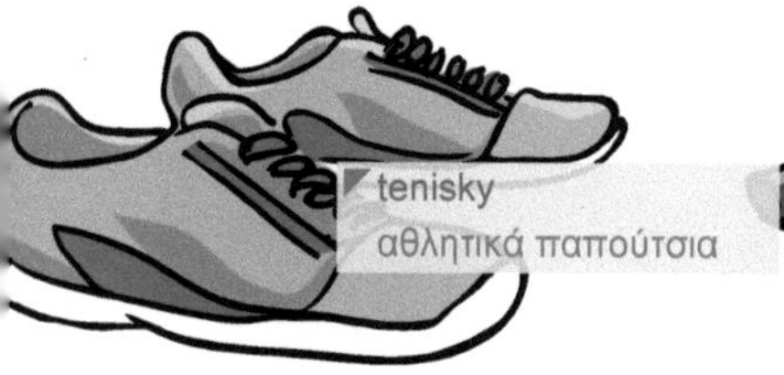

šál
κασκόλ

opasok
ζώνη

dáždnik
ομπρέλα

tričko
μπλουζάκι

tenisky
αθλητικά παπούτσια

čižmy
μπότες

papuče
παντόφλες

sandále
σανδάλια

topánky
παπούτσια

gumáky
γαλότσες

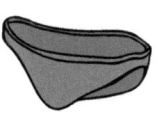
spodky
εσώρουχο

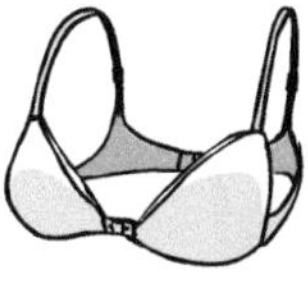

podprsenka
σουτιέν

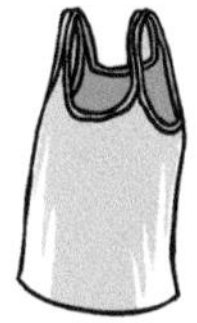

tielko
φανέλα

body

σώμα

nohavice

παντελόνι

džínsy

τζιν παντελόνι

sukňa

φούστα

blúzka

μπλούζα

košeľa

πουκάμισο

pulóver

πουλόβερ

sveter

πουλόβερ

blejzer

σακάκι

bunda

μπουφάν

kabát

παλτό

pršiplášť

αδιάβροχο πανωφόρι

kostým

κοστούμι

šaty

φόρεμα

svadobné šaty

νυφικό

oblek

κοστούμι

nočná košeľa

νυχτικό

pyžamo

πιτζάμες

sari

σάρι

šatka na hlavu

μαντήλι

turban

τουρμπάνι

burka

μπούρκα

kaftan

καφτάνι

abaja

μουσουλμανικό ένδυμα

dvojdielne plavky

ολόσωμο μαγιό

plavky

ανδρικό μαγιό

šortky

σορτς

tepláková súprava

αθλητική φόρμα

zástera

ποδιά

rukavice

γάντια

gombík

κουμπί

okuliare

γυαλιά

náramok

βραχιόλι

retiazka

περιδέραιο

prsteň

δαχτυλίδι

náušnica

σκουλαρίκι

čiapka

καπέλο

vešiak

κρεμάστρα

klobúk

καπέλο

kravata

γραβάτα

zips

φερμουάρ

prilba

κράνος

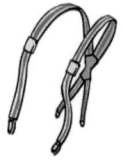

traky

τιράντες

školská uniforma

μαθητική στολή

uniforma

στολή

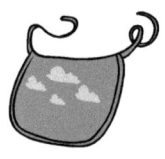

podbradník

σαλιάρα

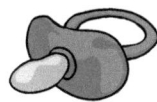

cumlík

πιπίλα

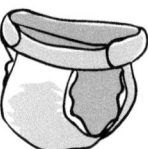

plienka

πάνα

kancelária
γραφείο

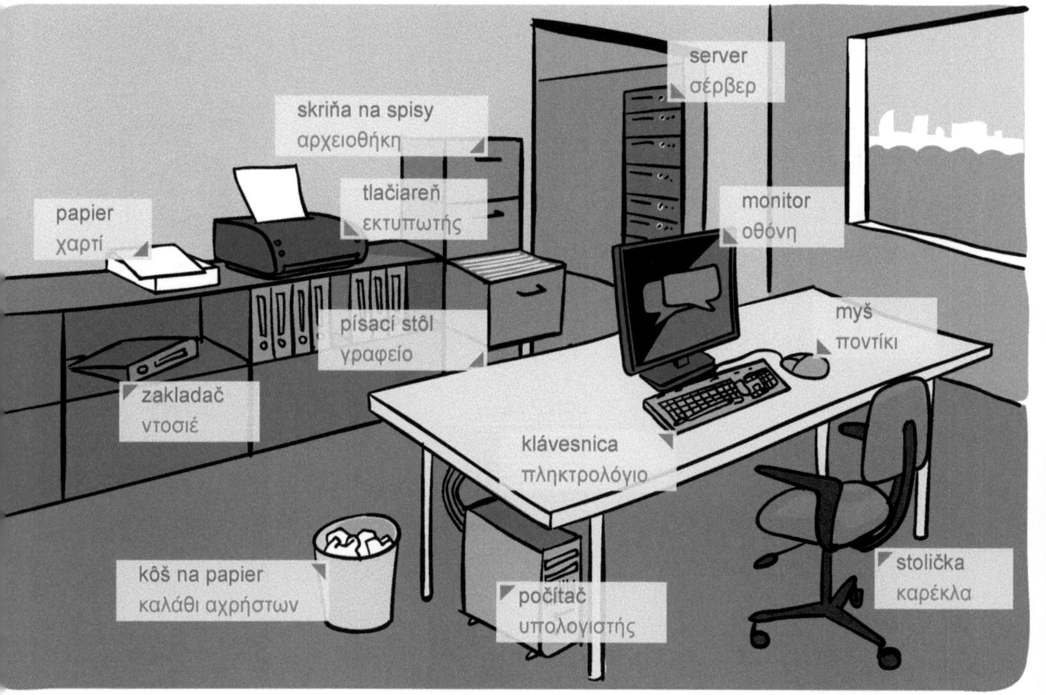

server
σέρβερ
skriňa na spisy
αρχειοθήκη
papier
χαρτί
tlačiareň
εκτυπωτής
monitor
οθόνη
písací stôl
γραφείο
myš
ποντίκι
zakladač
ντοσιέ
klávesnica
πληκτρολόγιο
kôš na papier
καλάθι αχρήστων
počítač
υπολογιστής
stolička
καρέκλα

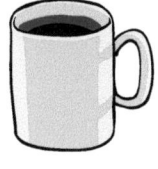

hrnček na kávu

κούπα του καφέ

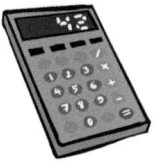

kalkulačka

κομπιουτεράκι

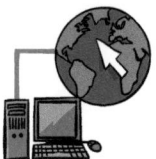

internet

ίντερνετ

laptop

λάπτοπ

list

γράμμα

správa

μήνυμα

mobil

κινητό

sieť

δίκτυο

kopírka

φωτοτυπικό μηχάνημα

softvér

λογισμικό

telefón

τηλέφωνο

elektrická zásuvka

πρίζα

fax

συσκευή φαξ

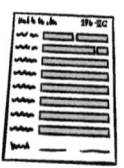

formulár

έντυπο

doklad

έγγραφο

kúpiť

αγοράζω

platiť

πληρώνω

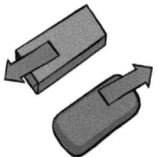

obchodovať

συναλλάσσομαι

peniaze

χρήματα

 **USD**

dolár

δολάριο

 **EUR**

euro

ευρώ

 **JPY**

jen

γιεν

 **RUB**

rubeľ

ρούβλι

 **CHF**

švajčiarsky frank

ελβετικό φράγκο

 **CNY**

čínsky jüan

ρενμίνμπι γιουάν

 **INR**

rupia

ρουπία

bankomat

ΑΤΜ (αυτόματη ταμειακή μηχανή)

zmenáreň

ανταλλακτήρια συναλλάγματος

zlato

χρυσός

striebro

ασήμι

ropa

πετρέλαιο

energia

ενέργεια

cena

τιμή

zmluva

συμβόλαιο

daň

φόρος

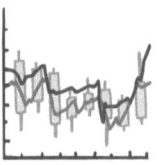

akcia

μετοχή

pracovať

δουλεύω

zamestnanec

υπάλληλος

zamestnávateľ

εργοδότης

továreň

εργοστάσιο

obchod

κατάστημα

povolania
επαγγέλματα

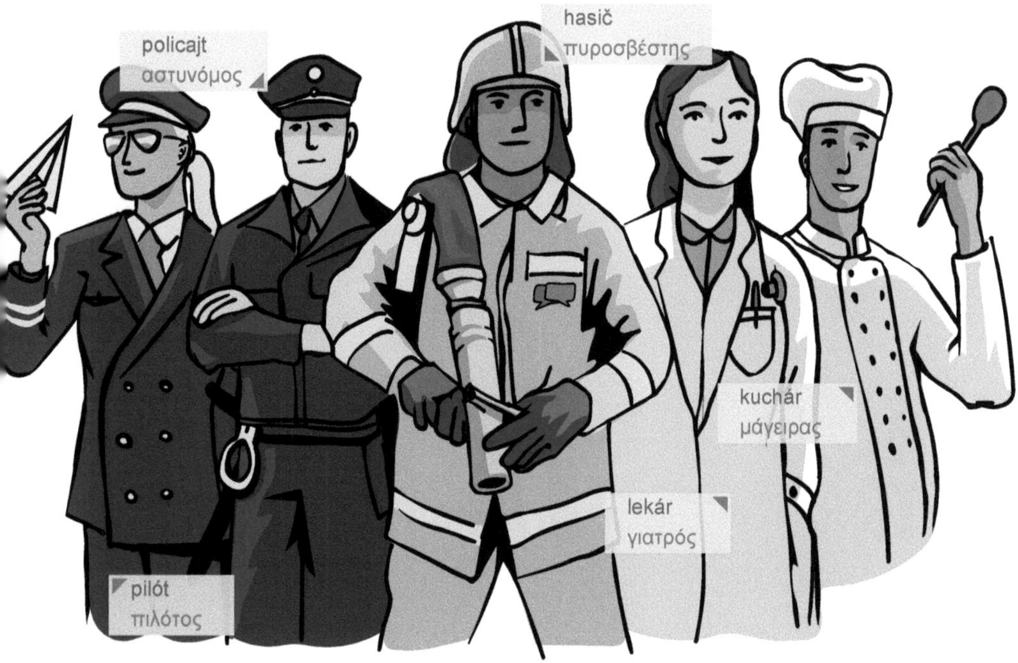
hasič
πυροσβέστης
policajt
αστυνόμος
kuchár
μάγειρας
lekár
γιατρός
pilót
πιλότος

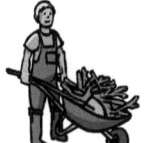

záhradník

κηπουρός

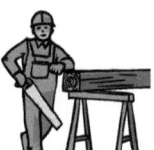

stolár

ξυλουργός

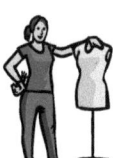

krajčírka

μοδίστρα

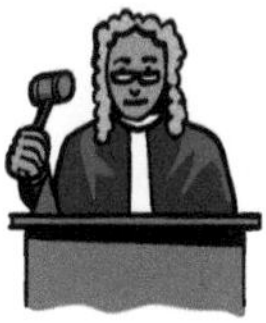

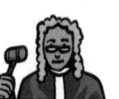

sudca

δικαστής

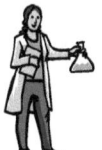

chemik

χημικός

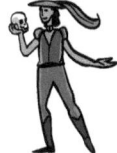

herec

ηθοποιός

vodič autobusu

οδηγός λεωφορείου

taxikár

ταξιτζής

rybár

ψαράς

upratovačka

καθαρίστρια

pokrývač

τεχνίτης στεγών

čašník

σερβιτόρος

poľovník

κυνηγός

maliar

ζωγράφος

pekár

αρτοποιός

elektrikár

ηλεκτρολόγος

stavebný robotník

οικοδόμος

inžinier

μηχανολόγος

mäsiar

κρεοπώλης

klampiar

υδραυλικός

poštár

ταχυδρόμος

povolania - επαγγέλματα

vojak

στρατιώτης

architekt

αρχιτέκτονας

pokladník

ταμίας

kvetinár

ανθοπώλης

kaderník

κομμωτής

sprievodca

ελεγκτής εισιτηρίων

mechanik

μηχανικός

kapitán

καπετάνιος

zubár

οδοντίατρος

vedec

επιστήμονας

rabín

ραβίνος

imám

ιμάμης

mních

μοναχός

farár

ιερέας

náradie

εργαλεία

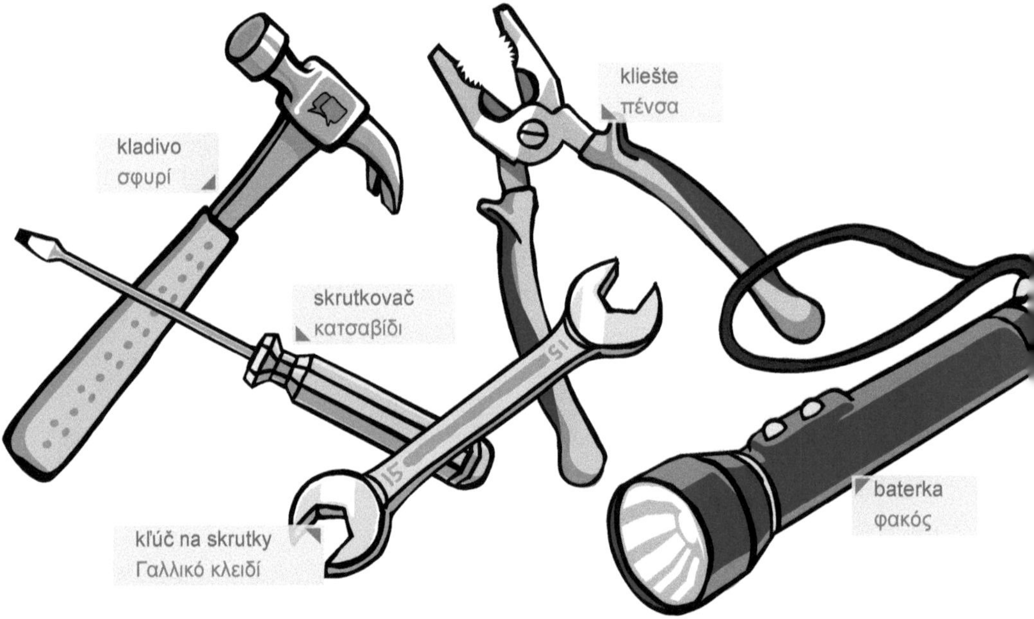

kliešte
πένσα
kladivo
σφυρί
skrutkovač
κατσαβίδι
baterka
φακός
kľúč na skrutky
Γαλλικό κλειδί

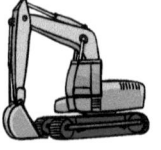

bager

εκσκαφέας

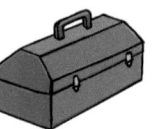

súprava náradia

εργαλειοθήκη

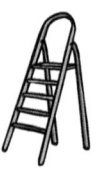

rebrík

σκάλα

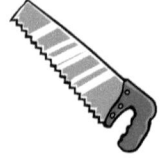

pílka

πριόνι

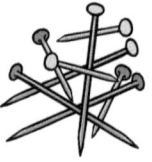

klince

καρφιά

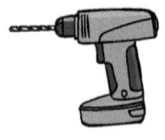

vrták

τρυπάνι

opraviť

επισκευάζω

lopata

φτυάρι

Do čerta!

Να πάρει!

lopatka na smeti

φαράσι

nádoba s farbou

δοχείο χρωμάτων

skrutky

βίδες

hudobné nástroje
μουσικά όργανα

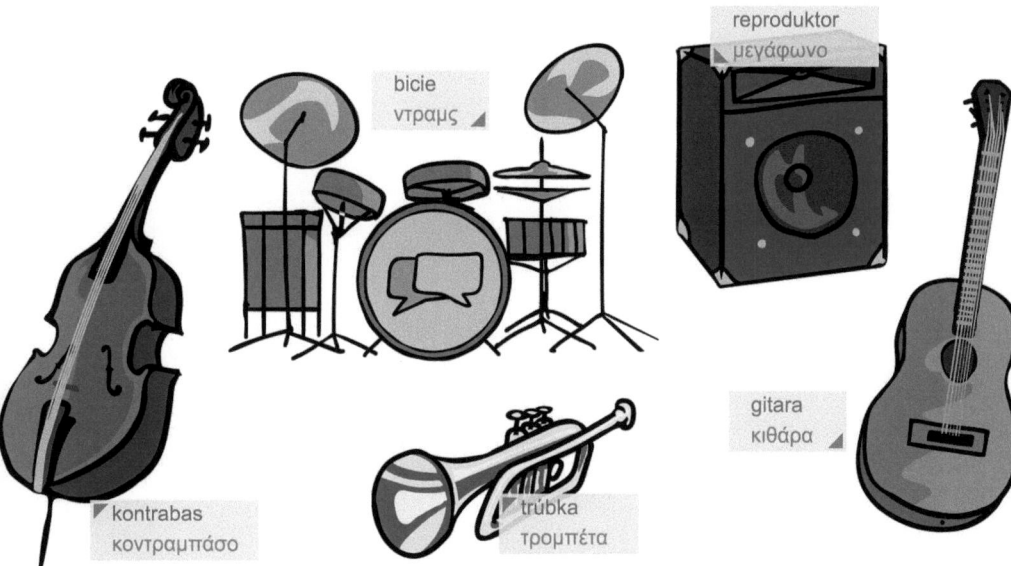

reproduktor
μεγάφωνο

bicie
ντραμς

kontrabas
κοντραμπάσο

trúbka
τρομπέτα

gitara
κιθάρα

klavír

πιάνο

husle

βιολί

basa

μπάσο

tympany

τύμπανα

bubon

τύμπανο

klávesnica

πλήκτρα

saxofón

σαξόφωνο

flauta

φλάουτο

mikrofón

μικρόφωνο

ZOO
ζωολογικός κήπος

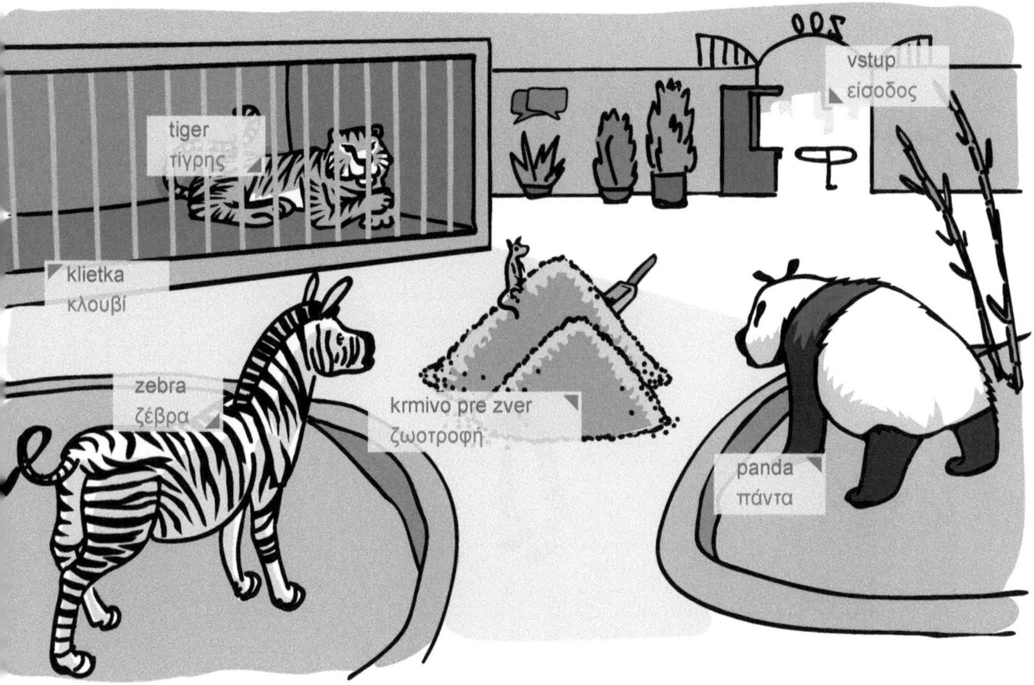
vstup
είσοδος
tiger
τίγρης
klietka
κλουβί
zebra
ζέβρα
krmivo pre zver
ζωοτροφή
panda
πάντα

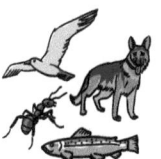

zvieratá
ζώα

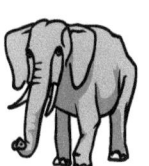

slon
ελέφαντας

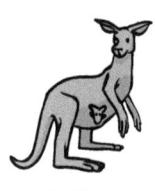

klokan
καγκουρό

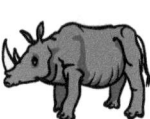

nosorožec
ρινόκερος

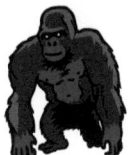

gorila
γορίλας

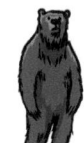

medveď
αρκούδα

ťava

καμήλα

pštros

στρουθοκάμηλος

lev

λιοντάρι

opica

πίθηκος

plameniak

φλαμίνγκο

papagáj

παπαγάλος

ľadový medveď

πολική αρκούδα

tučniak

πιγκουίνος

žralok

καρχαρίας

páv

παγώνι

had

φίδι

krokodíl

κροκόδειλος

ošetrovateľ v ZOO

φύλακας ζωολογικού κήπου

tuleň

φώκια

jaguár

τζάγκουαρ

ZOO - ζωολογικός κήπος

poník

πόνυ

leopard

λεοπάρδαλη

hroch

ιπποπόταμος

žirafa

καμηλοπάρδαλη

orol

αετός

diviak

αγριογούρουνο

ryba

ψάρι

korytnačka

χελώνα

mrož

θαλάσσιος ίππος

líška

αλεπού

gazela

γαζέλα

americký futbal
Αμερικάνικο ποδόσφαιρο

cyklistika
ποδηλασία

tenis
αντισφαίριση

basketbal
μπάσκετ

plávanie
κολύμβηση

hokej
χόκεϋ επί πάγου

box
πυγχαμία

futbal

ποδόσφαιρο

bedminton

μπάντμιντον

ľahká atletika

στίβος

hádzaná

χάντμπολ

lyžovanie

σκι

pólo

πόλο

aktivity
δραστηριότητες

smiať sa
γελάω
skočiť
πηδάω
objať
αγκαλιάζω
chodiť
περπατάω
spievať
τραγουδάω
snívať
ονειρεύομαι
modliť sa
προσεύχομαι
pobozkať
φιλάω

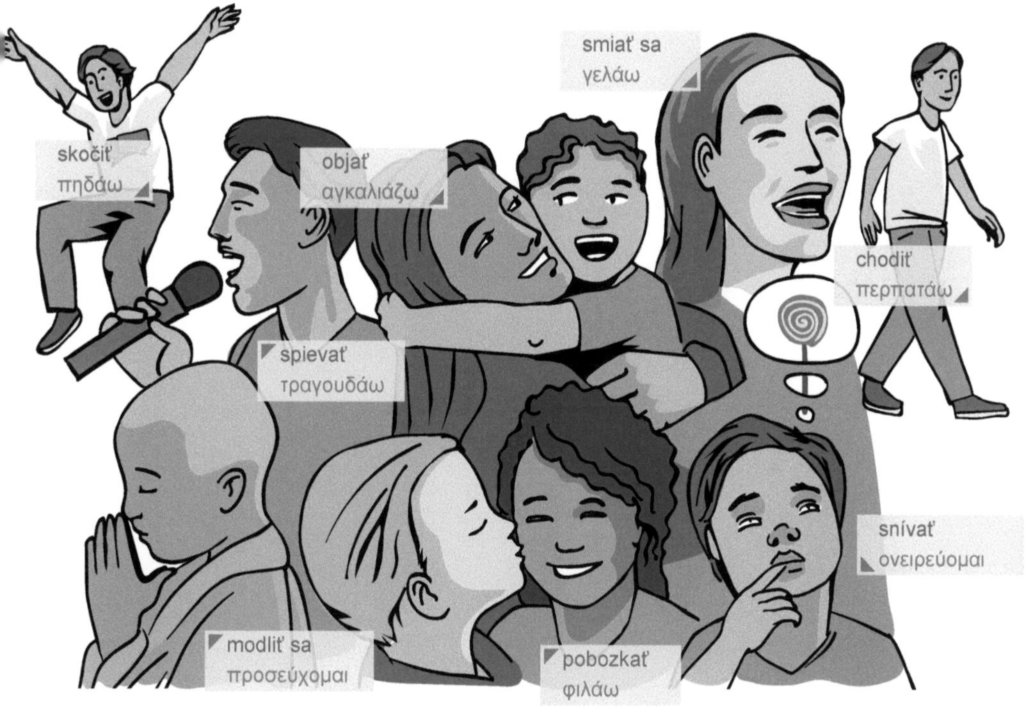

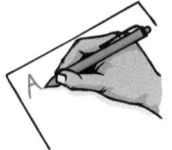

písať

γράφω

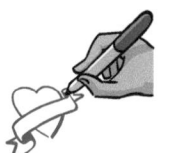

kresliť

σχεδιάζω

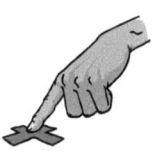

ukázať

δείχνω

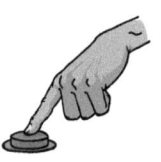

tlačiť

πιέζω

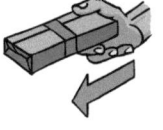

dať

δίνω

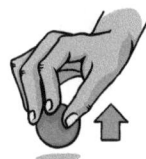

brať

παίρνω

mať

έχω

robiť

κάνω

byť

είμαι

stáť

στέκομαι

bežať

τρέχω

ťahať

τραβάω

hádzať

ρίχνω

padnúť

πέφτω

ležať

ξαπλώνω

čakať

περιμένω

nosiť

κουβαλώ

sedieť

κάθομαι

obliecť sa

φοράω

spať

κοιμάμαι

zobudiť sa

ξυπνάω

pozerať

κοιτάω

plakať

κλαίω

hladkať

χαϊδεύω

česať

χτενίζω

hovoriť

μιλάω

rozumieť

καταλαβαίνω

pýtať sa

ρωτάω

počuť

ακούω

piť

πίνω

jesť

τρώω

upratať

συγυρίζω

milovať

αγαπάω

variť

μαγειρεύω

jazdiť

οδηγώ

letieť

πετάω

plachtiť

κάνω ιστιοπλοΐα

počítať

υπολογίζω

čítať

διαβάζω

učiť sa

μαθαίνω

pracovať

δουλεύω

oženiť

παντρεύομαι

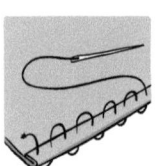

šiť

ράβω

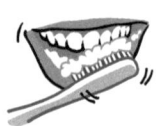

čistiť zuby

βουρτσίζω τα δόντια

zabiť

σκοτώνω

fajčiť

καπνίζω

poslať

στέλνω

rodina
οικογένεια

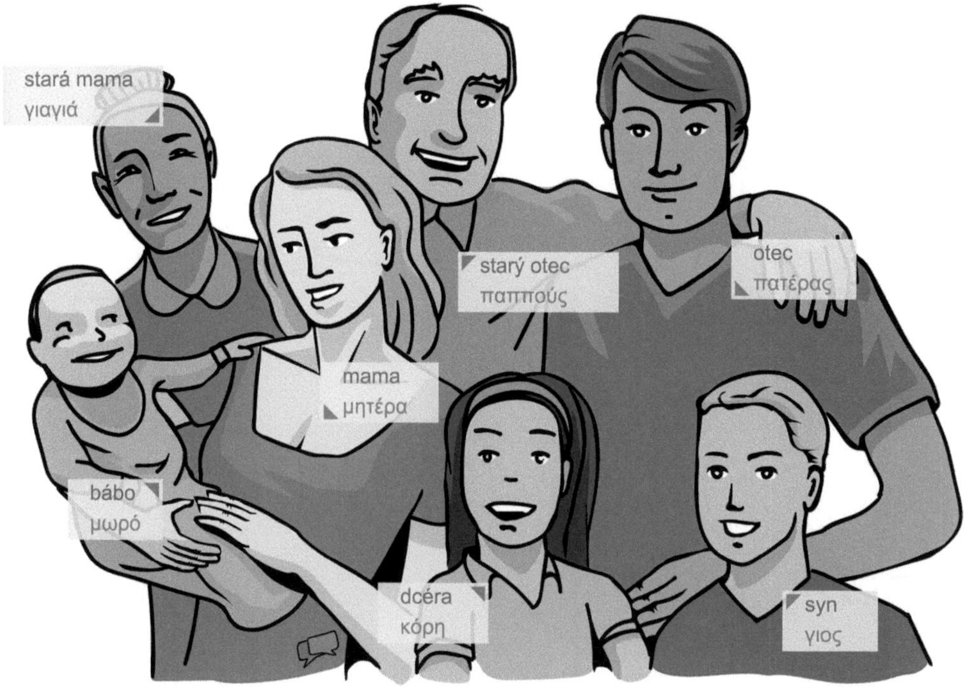

stará mama
γιαγιά
starý otec
παππούς
otec
πατέρας
mama
μητέρα
bábo
μωρό
dcéra
κόρη
syn
γιος

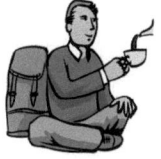

hosť

καλεσμένος

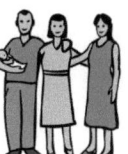

teta

θεία

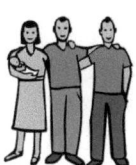

strýko

θείος

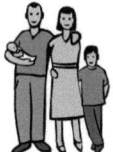

brat

αδελφός

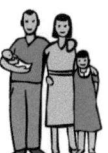

sestra

αδελφή

telo

σώμα

čelo
μέτωπο
oko
μάτι
plece
ώμος
prst
δάχτυλο
tvár
πρόσωπο
brada
πιγούνι
ruka
χέρι
noha
πόδι
hruď
στήθος
rameno
βραχίονας

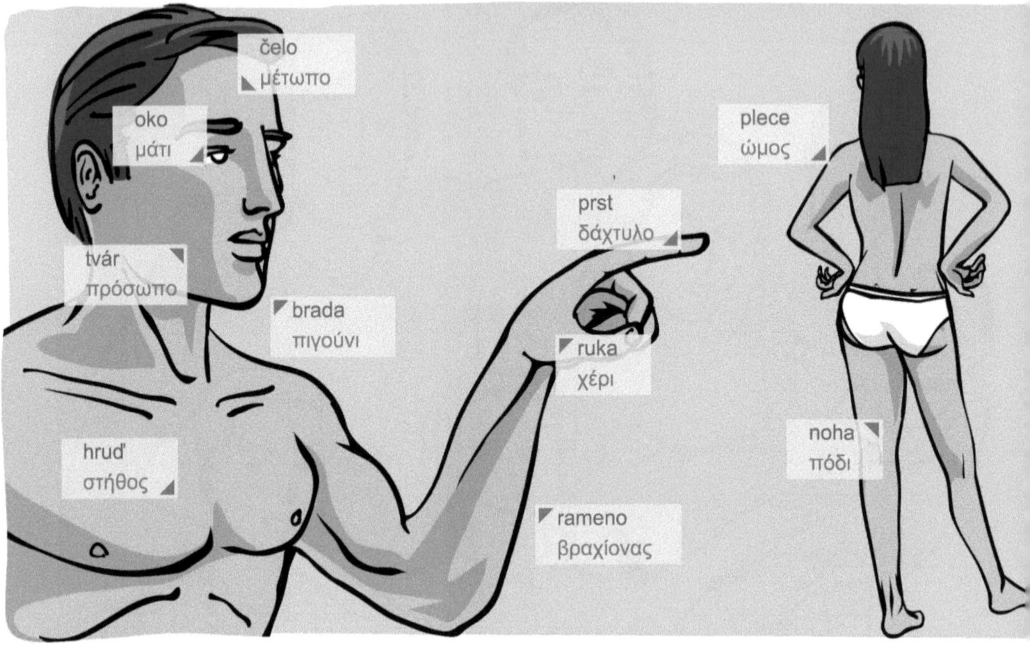

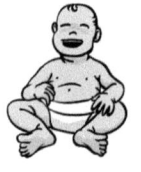

bábo

μωρό

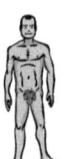

muž

άνδρας

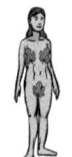

žena

γυναίκα

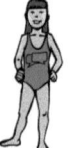

dievča

κορίτσι

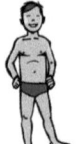

chlapec

αγόρι

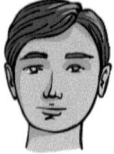

hlava

κεφάλι

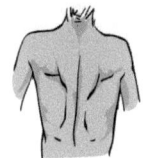

chrbát

πλάτη

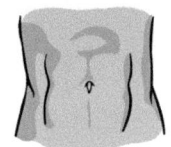

brucho

κοιλιά

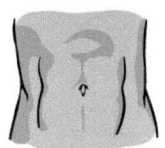

pupok

αφαλός

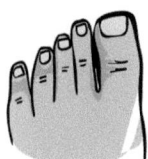

prst na nohe

δάχτυλο ποδιού

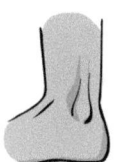

päta

φτέρνα

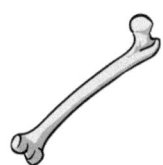

kosť

κόκκαλο

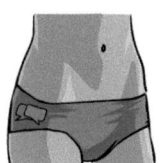

bok

γοφός

koleno

γόνατο

lakeť

αγκώνας

nos

μύτη

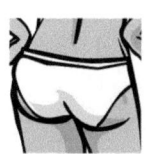

zadok

γλουτός

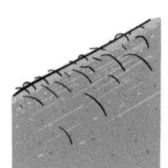

koža

δέρμα

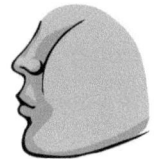

líce

μάγουλο

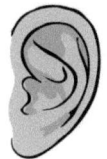

ucho

αυτί

pery

χείλος

telo - σώμα

ústa

στόμα

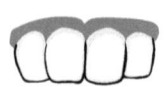

zub

δόντι

jazyk

γλώσσα

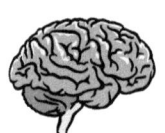

mozog

εγκέφαλος

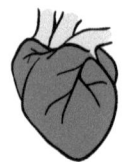

srdce

καρδιά

svaly

μυς

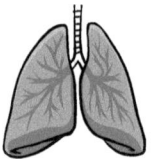

pľúca

πνεύμονας

pečeň

συκώτι

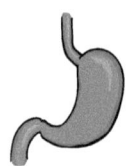

žalúdok

στομάχι

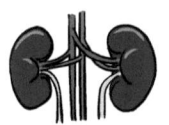

obličky

νεφρά

pohlavný styk

σεξουαλική επαφή

kondóm

προφυλακτικό

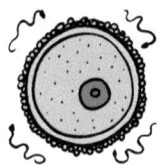

vaječná bunka

ωάριο

semeno

σπέρμα

tehotenstvo

εγκυμοσύνη

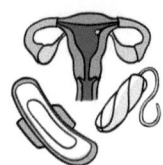

menštruácia

περίοδος

vagína

γυναικείος κόλπος

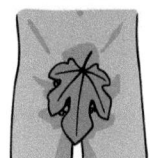

penis

πέος

obočie

φρύδι

vlasy

μαλλιά

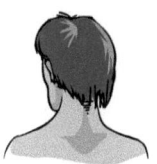

krk

λαιμός

nemocnica
νοσοκομείο

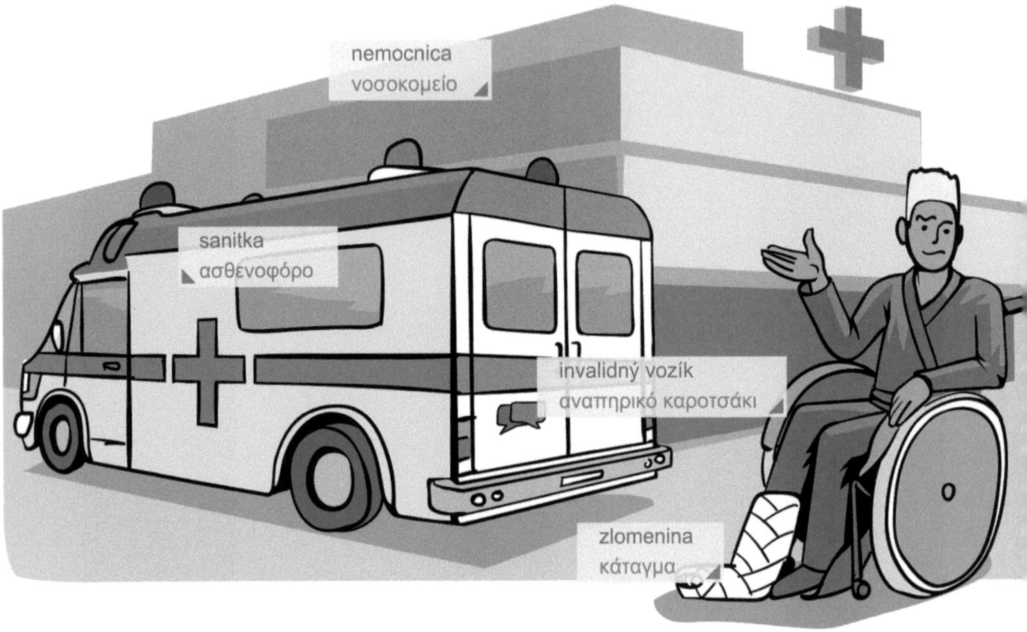

nemocnica
νοσοκομείο
sanitka
ασθενοφόρο
invalidný vozík
αναπηρικό καροτσάκι
zlomenina
κάταγμα

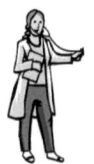

lekár
γιατρός

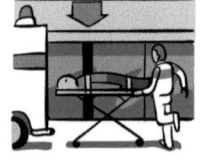

urgentný príjem
μονάδα εντατικής θεραπείας

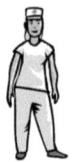

sestrička
νοσοκόμα

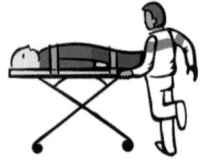

urgentný prípad
έκτακτη ανάγκη

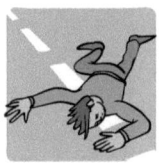

v bezvedomí
λιπόθυμος

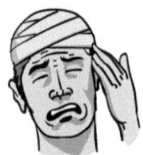

bolesť
πόνος

zranenie

τραύμα

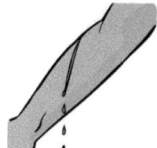

krvácanie

αιμορραγία

srdcový infarkt

έμφραγμα

mozgová porážka

εγκεφαλικό

alergia

αλλεργία

kašeľ

βήχας

teplota

πυρετός

chrípka

γρίπη

hnačka

διάρροια

bolesť hlavy

πονοκέφαλος

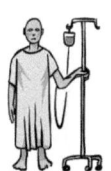

rakovina

καρκίνος

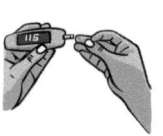

cukrovka

διαβήτης

chirurg

χειρουργός

skalpel

νυστέρι

operácia

εγχείρηση

CT

αξονική τομογραφία

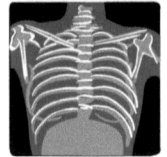

RTG

ακτινογραφία

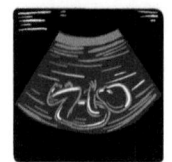

ultrazvuk

υπέρηχος

maska

μάσκα

choroba

ασθένεια

čakáreň

αίθουσα αναμονής

barla

πατερίτσα

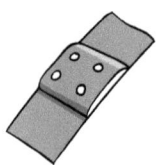

náplasť

χάνσαπλαστ

obväz

επίδεσμος

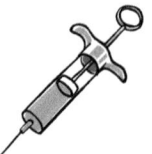

injekcia

ένεση

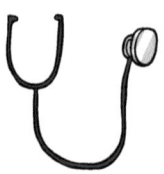

fonendoskop

στηθοσκόπιο

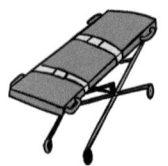

nosidlá

φορείο

teplomer

θερμόμετρο

pôrod

γέννηση

nadváha

υπέρβαρο

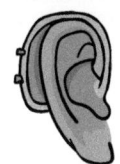

audiofón

ακουστικό βαρηκοΐας

dezinfekčný prostriedok

αντισηπτικό

infekcia

λοίμωξη

vírus

ιός

HIV / AIDS

HIV/AIDS

medicína

φάρμακο

očkovanie

εμβολιασμός

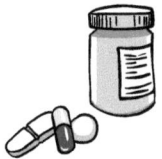

tabletky

δισκία

antikoncepčná pilulka

χάπι

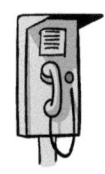

tiesňové volanie

κλήση έκτακτης ανάγκης

tlakomer

πιεσόμετρο αίματος

chorý / zdravý

άρρωστος / υγιής

Pomoc!
Βοήθεια!

alarm
συναγερμός

prepad
βιαιοπραγία

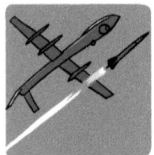

útok
επίθεση

nebezpečenstvo
κίνδυνος

núdzový východ
έξοδος κινδύνου

Horí!
Φωτιά!

hasičský prístroj
πυροσβεστήρας

nehoda
ατύχημα

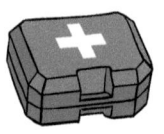

kufrík prvej pomoci
κουτί πρώτων βοηθειών

SOS
SOS

polícia
αστυνομία

Európa

Ευρώπη

Severná Amerika

Βόρεια Αμερική

Južná Amerika

Νότια Αμερική

Afrika

Αφρική

Ázia

Ασία

Austrália

Αυστραλία

Atlantický oceán

Ατλαντικός Ωκεανός

Tichý oceán

Ειρηνικός Ωκεανός

Indický oceán

Ινδικός Ωκεανός

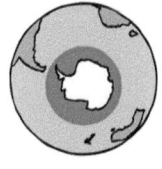

Južný oceán

Ανταρκτικός Ωκεανός

Severný ľadový oceán

Αρκτικός Ωκεανός

Severný pól

Βόρειος Πόλος

Južný pól
Νότιος Πόλος

Antarktída
Ανταρκτική

Zem
Γη

krajina
γη

more
θάλασσα

ostrov
νησί

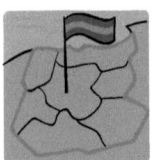

národ
έθνος

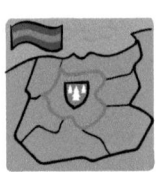

štát
πολιτεία

ciferník

καντράν ρολογιού

hodinová ručička

ωροδείκτης

minútová ručička

λεπτοδείκτης

sekundová ručička

δείκτης δευτερολέπτων

Koľko je hodín?

Τι ώρα είναι;

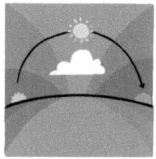

deň

ημέρα

čas

χρόνος

teraz

τώρα

digitálne hodiny

ψηφιακό ρολόι

minúta

λεπτό

hodina

ώρα

týždeň
εβδομάδα

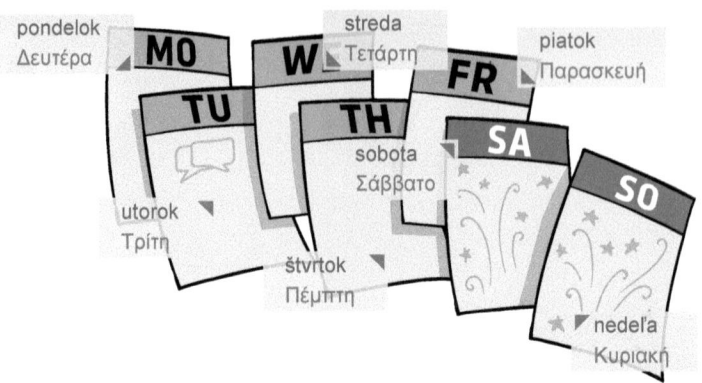

pondelok
Δευτέρα

utorok
Τρίτη

streda
Τετάρτη

štvrtok
Πέμπτη

sobota
Σάββατο

piatok
Παρασκευή

nedeľa
Κυριακή

včera

χθες

dnes

σήμερα

zajtra

αύριο

ráno

πρωί

poludnie

μεσημέρι

večer

βράδυ

MO	TU	WE	TH	FR	SA	SU
1	2	3	4	5	6	7
8	9	10	11	12	13	14
15	16	17	18	19	20	21
22	23	24	25	26	27	28
29	30	31	1	2	3	4

pracovné dni

εργάσιμες ημέρες

MO	TU	WE	TH	FR	SA	SU
1	2	3	4	5	6	7
8	9	10	11	12	13	14
15	16	17	18	19	20	21
22	23	24	25	26	27	28
29	30	31	1	2	3	4

víkend

Σαββατοκύριακο

rok
έτος

dážď
βροχή
dúha
ουράνιο τόξο
vietor
άνεμος
sneh
χιόνι
jar
άνοιξη
leto
καλοκαίρι
jeseň
φθινόπωρο
zima
χειμώνας

4.APRIL 11°
5.APRIL 4°
6.APRIL 13°
7.APRIL 8°
8.APRIL 10°

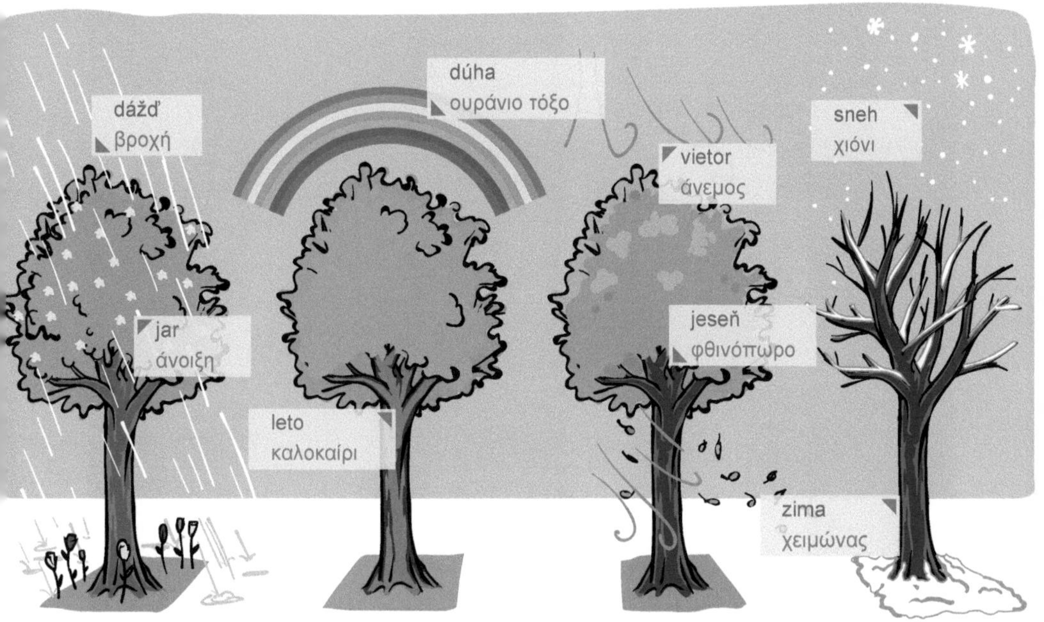

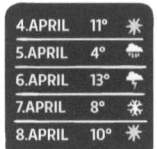

predpoveď počasia

πρόγνωση καιρού

F C
120 40
90 30
60 20
30 10
0 0
-30 -10
-20

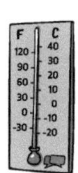

teplomer

θερμόμετρο

slnečný svit

λιακάδα

oblak

σύννεφο

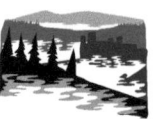

hmla

ομίχλη

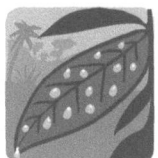

vlhkosť vzduchu

υγρασία

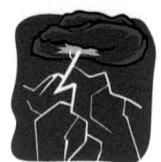

blesk

αστραπή

hrom

κεραυνός

búrka

καταιγίδα

krúpy

χαλάζι

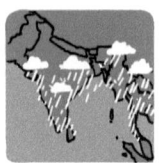

monzún

μουσώνας

záplava

πλημμύρα

ľad

πάγος

január

Ιανουάριος

február

Φεβρουάριος

marec

Μάρτιος

apríl

Απρίλιος

máj

Μάιος

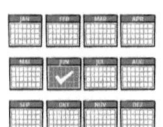

jún

Ιούνιος

júl

Ιούλιος

august

Αύγουστος

rok - έτος

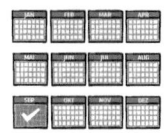

september

Σεπτέμβριος

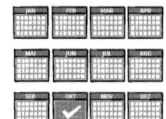

október

Οκτώβριος

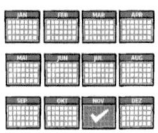

november

Νοέμβριος

december

Δεκέμβριος

tvary
σχήματα

kruh

κύκλος

štvorec

τετράγωνο

obdĺžnik

ορθογώνιο
παραλληλόγραμμο

trojuholník

τρίγωνο

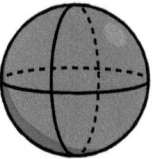

guľa

σφαίρα

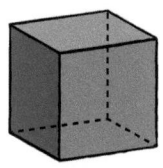

kocka

κύβος

biela

άσπρο

žltá

κίτρινο

oranžová

πορτοκαλί

ružová

ροζ

červená

κόκκινο

fialová

μωβ

modrá

μπλε

zelená

πράσινο

hnedá

καφέ

šedá

γκρι

čierna

μαύρο

veľa / málo

πολύ / λίγο

zúrivý / pokojný

θυμωμένος / ήρεμος

pekný / škaredý

όμορφος / άσχημος

začiatok / koniec

αρχή / τέλος

veľký / malý

μεγάλος / μικρός

svetlý / tmavý

φωτεινός / σκοτεινός

brat / sestra

αδελφός / αδελφή

čistý / špinavý

καθαρός / λερωμένος

úplný / neúplný

πλήρης / ατελής

deň / noc

ημέρα / νύχτα

mŕtvy / živý

νεκρός / ζωντανός

široký / úzky

φαρδύς / στενός

chutný / nechutný

βρώσιμος / μη βρώσιμος

zlostný / láskavý

κακός / ευγενικός

vzrušený / unudený

ενθουσιασμένος / βαριεστημένος

tlstý / chudý

παχύς / λεπτός

prvý / posledný

πρώτος / τελευταίος

priateľ / nepriateľ

φίλος / εχθρός

plný / prázdny

γεμάτος / άδειος

tvrdý / mäkký

σκληρός / μαλακός

ťažký / ľahký

βαρύς / ελαφρύς

hlad / smäd

πείνα / δίψα

chorý / zdravý

άρρωστος / υγιής

nelegálny / legálny

παράνομος / νόμιμος

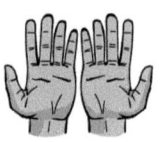

inteligentný / hlúpy

έξυπνος / χαζός

vľavo / vpravo

αριστερός / δεξιός

blízko / ďaleko

κοντινός / μακρινός

nový / použitý

καινούριος / μεταχειρισμένος

nič / niečo

τίποτα / κάτι

starý / mladý

γέρος | νέος

zapnuté / vypnuté

αναμμένος / σβηστός

otvorené / zatvorené

ανοιχτός / κλειστός

tichý / hlasný

χαμηλόφωνος / μεγαλόφωνος

bohatý / chudobný

πλούσιος / φτωχός

správne / nesprávne

σωστός / λανθασμένος

drsný / hladký

τραχύς / λείος

smutný / šťastný

λυπημένος / χαρούμενος

krátky / dlhý

κοντός / μακρύς

pomaly / rýchlo

αργός / γρήγορος

mokrý / suchý

υγρός / στεγνός

teplý / studený

ζεστός / δροσερός

vojna / mier

πόλεμος / ειρήνη

0

nula

μηδέν

1

jeden

ένα

2

dva

δύο

3

tri

τρία

4

štyri

τέσσερα

5

päť

πέντε

6

šesť

έξι

7

sedem

εφτά

8

osem

οκτώ

9

deväť

εννιά

10

desať

δέκα

11

jedenásť

έντεκα

12

dvanásť
δώδεκα

13

trinásť
δεκατρία

14

štrnásť
δεκατέσσερα

15

pätnásť
δεκαπέντε

16

šestnásť
δεκαέξι

17

sedemnásť
δεκαεφτά

18

osemnásť
δεκαοκτώ

19

devätnásť
δεκαεννέα

20

dvadsať
είκοσι

100

sto
εκατό

1.000

tisíc
χίλια

1.000.000

milión
εκατομμύριο

angličtina

Αγγλικά

americká angličtina

Αμερικάνικα Αγγλικά

mandarínska čínština

Μανδαρίνικα Κινέζικα

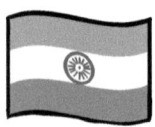

hindčina

Χίντι

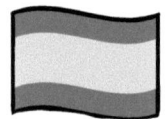

španielčina

Ισπανικά

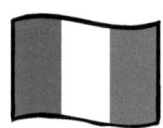

francúzština

Γαλλικά

arabčina

Αραβικά

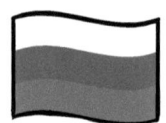

ruština

Ρώσικα

portugalčina

Πορτογαλικά

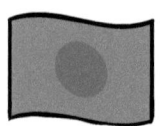

bengálčina

Μπενγκάλι

nemčina

Γερμανικά

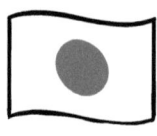

japončina

Ιαπωνικά

ja
εγώ

ty
εσύ

on/ona/ono
αυτός / αυτή / αυτό

my
εμείς

vy
εσείς

oni
αυτοί / αυτές / αυτά

kto?
ποιος / ποια / ποιο;

čo?
τι;

ako?
πώς;

kde?
πού;

kedy?
πότε;

meno
όνομα

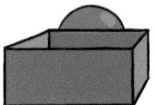

za

πίσω

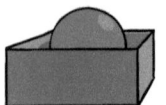

v

μέσα

pred

μπροστά

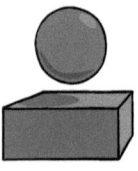

nad

πάνω από

na

πάνω

pod

κάτω

vedľa

δίπλα

medzi

ανάμεσα

miesto

μέρος